Vorwort

Heute liegt uns der dritte Band aus der Reihe Betriebs- und Unternehmensführung in der Hauswirtschaft von Karin Beuting-Lampe vor. Mit dem zentralen Thema Controlling ist dieser Band deutlich anspruchsvoller als die beiden vorangegangenen Bücher, zumal er das dort vermittelte Wissen als bekannt voraus setzt. Es empfiehlt sich durchaus, bei der Arbeit mit den vorliegenden Texten die ersten beiden Bände zum Nachschlagen oder zum Wiederholen einzelner Schwerpunkte griffbereit zu haben!

Unternehmen müssen wirtschaftlich arbeiten, um existieren zu können. Darum wirbt Beuting-Lampe mit ihren ausführlichen Darstellungen um Verständnis für die Notwendigkeit des Controllings und zeigt gleichzeitig Instrumente auf, die hauswirtschaftlichen Fach- und Führungskräften die Zuarbeit erleichtern und der Zusammenarbeit eine fachlich korrekte Basis geben. Die Autorin beschreibt die Notwendigkeit, über den eigenen, hauswirtschaftlichen Bereich hinaus wirtschaftliche Erwägungen und Tatsachen in betriebliche Zusammenhänge zu stellen.

Karin Beuting-Lampe räumt dem Thema Planung besonders viel Platz ein und verdeutlicht so die Wichtigkeit planerischer Aufgaben im hauswirtschaftlichen Arbeitsalltag. Ausführlich geht sie auf die unterschiedlichen Planungsinstrumente ein und zeigt anschließend ihren Einsatz bei Budget- und Kostenplanung sowie bei Warenbeschaffung und Investitionsplanung. Neben der vorausschauenden Planung spielt das Berichtswesen - die Dokumentation - hauswirtschaftlicher Leistungen zur Bewertung des Betriebserfolges und zur ständigen Qualitätsverbesserung eine große Rolle. Hierbei kann das vorliegende Buch Hilfestellung geben. Daneben wird die Arbeit mit Kennzahlen und Indizes dargestellt, die es ermöglichen, Ziele zu definieren, zu kontrollieren und auf diese Weise zu bewerten.

Die Gegenüberstellung von in Eigenregie erbrachten Leistungen mit externen Dienstleistungen, bei der jedoch neben den finanziellen Aspekten auch inhaltliche, soziale und qualitative Aspekte Berücksichtigung finden müssen, wird ausführlich und nachvollziehbar beschrieben. Eine Fragestellung, mit der sich viele Kolleginnen und Kollegen im Arbeitsalltag auseinander setzen müssen, wenn über eine Vergabe hauswirtschaftlicher Leistungen zur Kostenminderung nachgedacht wird.

Im letzten Kapitel ermöglichen Aufgaben unterschiedlichen Schwierigkeitsgrades den Lesern ein praxisnahes Training des Gelesenen.

Wir wünschen allen, die mit diesem fachlich hervorragenden Buch arbeiten, viel Erfolg bei der Umsetzung der Aufgabenstellungen im Unterricht oder in der täglichen Praxis!

Anne Göbbels-Wolters
1. Vorsitzende
Berufsverband Hauswirtschaft e.V.

Petra Stubakow
1. Vorsitzende Bundesverband
hauswirtschaftlicher Berufe MdH e.V.

Christina Hohmann-Schaub
Vorsitzende der Bundesarbeitsgemeinschaft Hauswirtschaft (BAG-HW)

Weinstadt, Hambergen und Wallenhorst im September 2009

Einführung

Betriebs- und Unternehmensführung – Band 3

wendet sich an hauswirtschaftliche Fachkräfte, die sich auf den Abschluss als hauswirtschaftliche Führungskraft vorbereiten, an Prüfer, an Lehrgangsleiter, an Berufspraktiker und an Selbstständige.

In sechs Kapiteln werden die Themenschwerpunkte Einführung in das Controlling, Planungsinstrumente, Planungsaufgaben, Berichtswesen, Kennzahlen und das Controlling von externen Dienstleistungen behandelt.

Um sich das Controlling in der Hauswirtschaft in diesem dritten Band zu erarbeiten, wird vorausgesetzt, dass die Inhalte der Bände 1 und 2 bekannt sind. Die einzelnen Kapitel sind aufeinander aufgebaut und enthalten untereinander zahlreiche Querverweise, auch zum Band 1 und 2.

Die exemplarischen Zahlen in den genannten Praxisbeispielen zeigen lediglich Möglichkeiten auf; Daten und Fakten können nicht 1:1 auf andere Beispiele übertragen werden, wohl aber das Grundprinzip z. B. der Budgetplanung, der Warenbeschaffung, der Abweichungsanalysen.

Im siebenten Kapitel werden stellvertretend für die Prüfungsgattung „Situationsaufgabe“ und „Schriftliche Prüfungsaufgabe“ für die Meisterprüfung zehn Aufgabenbeispiele zu den behandelten Themen vorgestellt. Diese sind mit leichten Abwandlungen ebenso für die Übung und Prüfungsvorbereitung der hauswirtschaftlichen Betriebsleiterin zu verwenden.

Der besseren Lesbarkeit wegen wird abwechselnd die weibliche und die männliche Form genannt.

... und Dank

Mein Dank gilt allen Seminarteilnehmerinnen und Mitarbeiterinnen in hauswirtschaftlichen Betrieben, durch deren Teilnahme an Seminaren und in Beratungsprozessen ich immer wieder Theorie mit Praxis verbinden kann; und den Selbstständigen aus der Hauswirtschaft und der Betriebswirtschaft, mit denen ich betriebswirtschaftliche Situationen reflektieren kann.

Karin Beuting-Lampe
Wesel im September 2009

Inhaltsverzeichnis

Seite

Karin Beuting-Lampe

Betriebs- und Unternehmens- führung in der Hauswirtschaft

1. Auflage

Band 3

VERLAG EUROPA-LEHRMITTEL · Nourney, Vollmer GmbH & Co. KG
Düsselberger Straße 23 · 42781 Haan-Gruiten
Europa-Nr.: 60150

Autorin:
Karin Beuting-Lampe, Wesel

Das vorliegende Buch wurde auf der **Grundlage der aktuellen Rechtschreibregeln erstellt.**

1. Auflage 2009

Druck 5 4 3 2

Alle Drucke derselben Auflage sind parallel einsetzbar, da sie bis auf die Behebung von Druckfehlern untereinander unverändert sind.

ISBN 978-3-8085-6015-0

http://www.europa-lehrmittel.de
Satz u. Druck: Heinrich Matten GmbH & Co. KG, 46562 Voerde

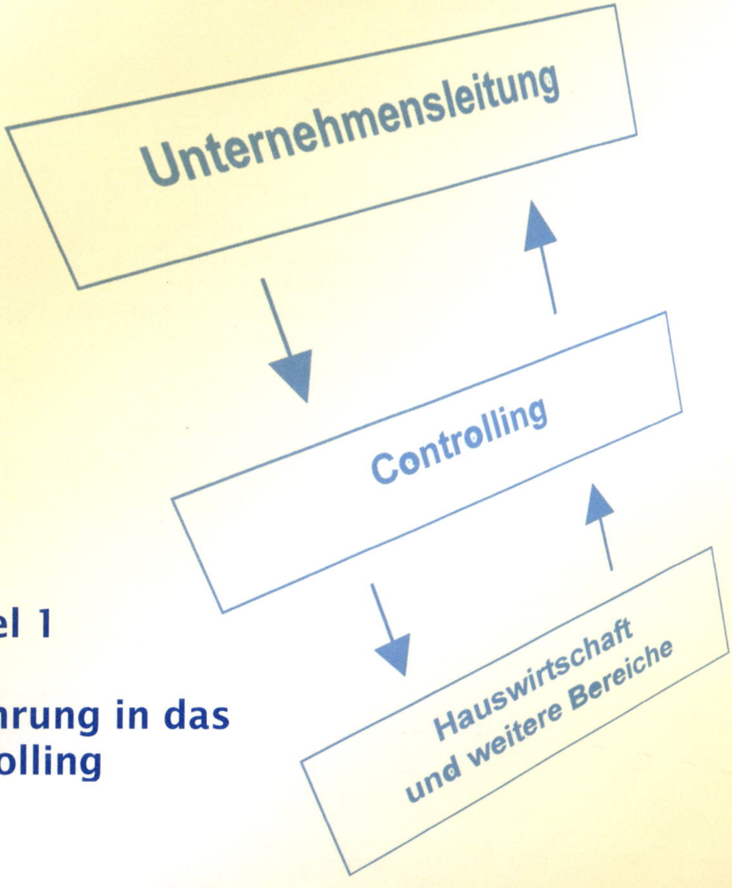

Kapitel 1

Einführung in das Controlling

Was bedeutet Controlling?

Wenn Sie eine hauswirtschaftliche Abteilung in einer sozialen Organisation leiten oder wenn Sie sich in Fort- und Weiterbildung auf Ihre Leitungsfunktion vorbereiten, müssen Sie sich mit Managementaufgaben befassen. Dabei stoßen Sie unweigerlich auf den Begriff „Controlling". Wegen der sprachlichen Verwandtschaft wird Controlling – engl.: to control – oft mit Kontrolle gleichgesetzt. Doch korrekt übersetzt bedeutet „to control" mehr:

- steuern
- lenken
- überwachen
- beherrschen
- überprüfen
- und auch kontrollieren.

Ein Unternehmen, eine Abteilung lassen sich nur lenken und steuern, wenn in der vorangegangenen Planung Ziele und Maßnahmen festgelegt wurden.

Daraus lassen sich drei Aufgabenfelder des Controllings mit weiteren Teilaufgaben ableiten:

- die Planung
- die Dokumentation der Umsetzung
- die Kontrolle und Steuerung

Aufgabenfeld des Controllings	Teilaufgaben
Planung	Ziele festlegen Ist-Situation analysieren Informationen beschaffen Informationen auswerten Entscheidungen über Maßnahmen treffen Maßnahmen koordinieren Pläne erstellen
Dokumentation der Umsetzung	Umsetzung der Pläne überwachen Umsetzung dokumentieren Berichte erstellen
Kontrolle und Steuerung	Kennzahlen festlegen Kennzahlen überwachen Abweichungen analysieren Gegenmaßnahmen ergreifen

Beim Controlling geht es vorrangig um die betriebswirtschaftliche Sicht der Unternehmensaktivitäten, aber auch um qualitätsrelevante Einflussfaktoren.

Unternehmen müssen wirtschaftlich arbeiten, um existieren zu können. Dies zu planen und zu überwachen ist Aufgabe des Controllers. Controller sind in aller Regel Betriebswirte mit (Fach-)Hochschulabschluss. Sie erstellen z.B. Planungsrechnungen, Abweichungs- und Wirtschaftlichkeitsanalysen, entwickeln, überwachen und steuern Budgets und sind verantwortlich für das Berichtswesen.

Nicht jedes Unternehmen - insbesondere nicht jede soziale Organisation - stellt einen Controller ein. Viele siedeln die Controlling-Aufgaben bei anderen Stellen an, je nach Aufbauorganisation eines Unternehmens z.B. beim Leiter des Rechnungswesens oder Leiter der Finanzen oder beim Einrichtungsleiter.

Aufgabe der Hauswirtschaftsleitung im Controlling

Derjenige, der die Verantwortung für das Controlling im Gesamtunternehmen trägt, ist auf die Mitarbeit aller Bereichsleitungen angewiesen.

Als Leitungskraft in der Hauswirtschaft arbeiten Sie nach betriebswirtschaftlichen Vorgaben, die die Unternehmensleitung vorgibt und die der Controller plant und überwacht. Der Controller wiederum erhält Zahlen und Informationen von Ihnen, analysiert sie, verarbeitet sie und präsentiert sie der Unternehmensleitung. Diese zieht daraus ihre Schlüsse und macht erneut Vorgaben. Daraus ergibt sich folgendes Grundschema:

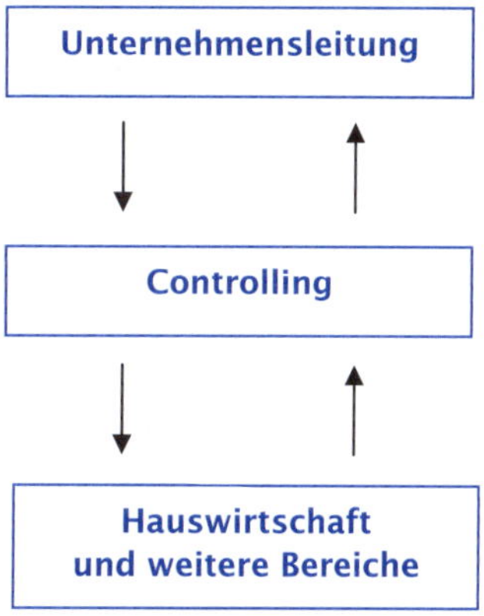

Anhand von drei Beispielen wird der Handlungsrahmen deutlich, in dem die Hauswirtschaftsleitung in das Gesamtcontrolling eingebunden ist.

Beispiel 1

Unternehmensleitung ↓	〉 macht strategische Vorgaben (Unternehmenspolitik), z.B. Einführung eines Gesundheitsmanagements
Controlling ↓	〉 erstellt Machbarkeitsanalysen, Wirtschaftlichkeitsberechnungen und Planrechnungen 〉 entwickelt mit Bereichsleitungen Budgets
Hauswirtschaftsleitung und weitere Bereichsleitungen ↓	〉 planen Personal- und Mitteleinsatz und Prozesse unter Berücksichtigung der Teilbudgets 〉 dokumentieren die Umsetzung und berichten regelmäßig (meist monatlich) dem Controlling
Controlling ↓	〉 fasst die Zahlen der Abteilungen zusammen 〉 wertet Ergebnisse des Rechnungswesens aus 〉 erstellt Gesamtbericht 〉 analysiert und bewertet Abweichungen und entwickelt Vorschläge zum weiteren Vorgehen
Unternehmensleitung	〉 entscheidet über weiteres Vorgehen

Beispiel 2

Sie sind als Leitungskraft in der Hauswirtschaft nicht nur Erfüllungsgehilfe, sondern unterstützen mit Ihrer Fachkompetenz den Informations- und Entscheidungsprozess der Unternehmensleitung.

Unternehmensleitung ↓	〉 plant, Personalkosten um 4 % zu reduzieren
Controlling ↓	〉 nimmt Kontakt mit allen Bereichsleitern auf und erarbeitet mit ihnen geeignete Vorschläge
Bereichsleitungen ↓	〉 unterstützen Controller und prüfen mit der jeweiligen Fachkompetenz, ob und wie eine Reduzierung möglich ist
Controlling ↓	〉 bereitet die gelieferten Zahlen und Argumente auf
Unternehmensleitung	〉 entscheidet aufgrund dieser Informationen, ob eine Reduzierung im gewünschten Umfang möglich ist

Beispiel 3

Ebenso kann die Initiative von Ihnen ausgehen und Sie unterbreiten der Unternehmensleitung einen Vorschlag für eine strategische Ausrichtung.

Unternehmens-leitung ↓	〉 greift Ihren Vorschlag „Einsatz von regionalen Produkten und Bioprodukten" auf
Controlling ↓	〉 erstellt Machbarkeitsanalysen, Wirtschaftlichkeitsberechnungen und Planrechnungen 〉 entwickelt Budget
Hauswirtschafts-leitung ↓	〉 plant Mitteleinsatz und Personalschulungen unter Berücksichtigung des Budgets und passt den Herstellungsprozess an 〉 dokumentiert und berichtet regelmäßig (meist monatlich) dem Controlling
Controlling ↓	〉 wertet Ergebnisse des Rechnungswesens aus 〉 analysiert und bewertet Abweichungen und entwickelt Vorschläge zum weiteren Vorgehen
Unternehmens-leitung	〉 entscheidet über weiteres Vorgehen

Haben Sie als Selbstständige ein eigenes hauswirtschaftliches Dienstleistungsunternehmen, so bekleiden Sie die Positionen „Unternehmensleitung", „Controlling" und „Hauswirtschaftsleitung" in Personalunion. Je nach dem Stand Ihrer betriebswirtschaftlichen Kenntnisse und nach Größe Ihres Unternehmens bewältigen Sie diese Aufgaben allein oder Sie greifen auf das Fachwissen eines (Steuer-) Beraters zurück (s. auch Kapitel „Existenzgründung" in „Betriebs- und Unternehmensführung" Band 2).

Die drei Aufgabenfelder des Controllings

- planen
- dokumentieren und berichten
- kontrollieren und steuern

werden in den folgenden Kapiteln mit ihren hauswirtschaftsrelevanten Aufgaben dargestellt.

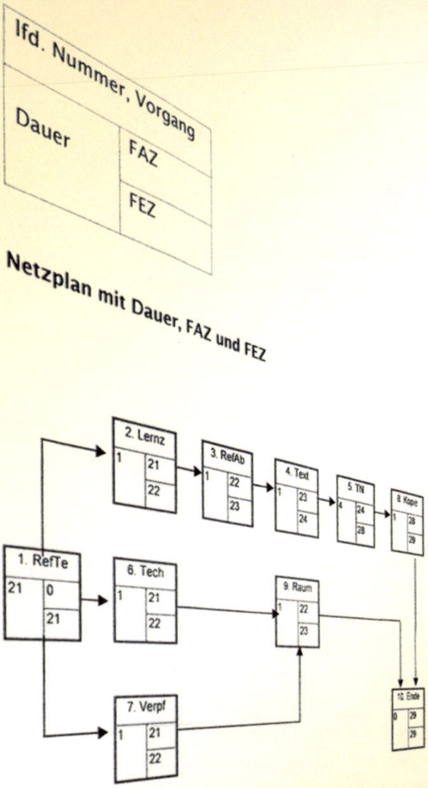

FAZ
Früheste Anfangszeit

D a u e r

FEZ
Früheste Endzeit

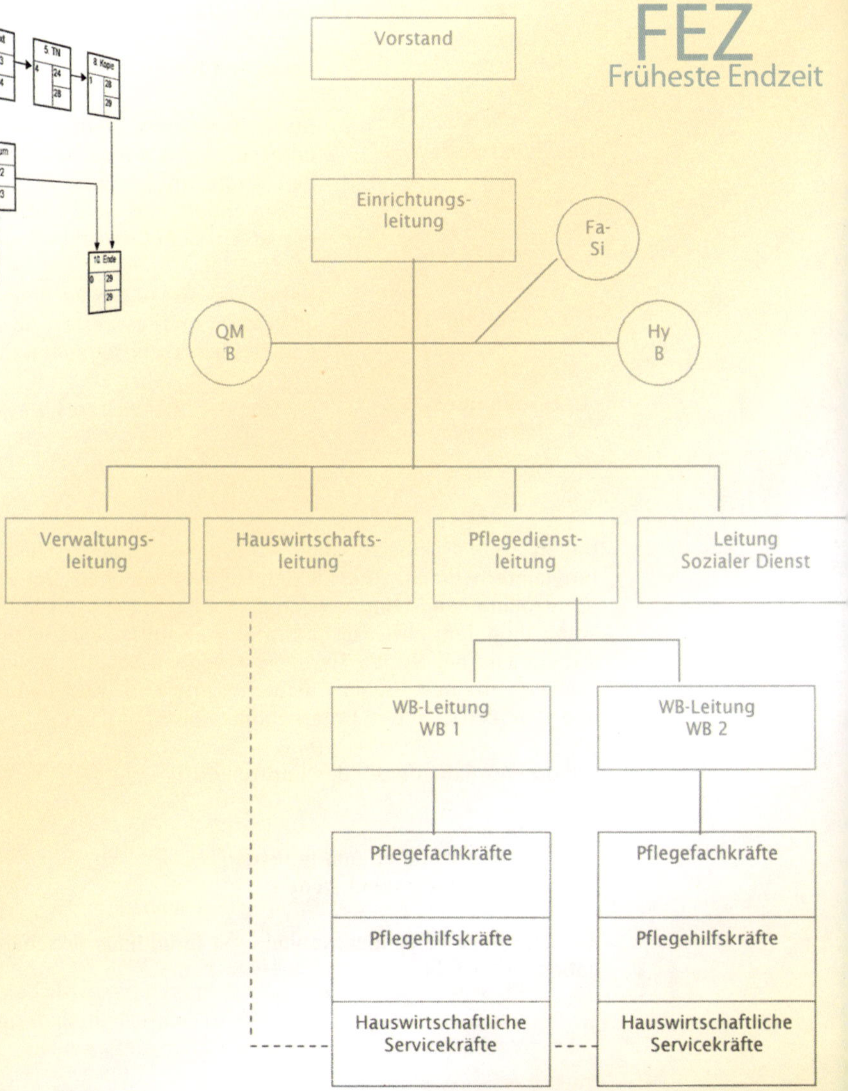

Kapitel 2

Planungsinstrumente

Was bedeutet „Planung"?

Als hauswirtschaftliche Leitungskraft verbringen Sie einen großen Teil Ihrer Arbeitszeit mit Planung. Daher ist es sinnvoll, sich vorab Gedanken darüber zu machen, was „planen" bedeutet.

Wenn Sie planen,

- nehmen Sie in Gedanken das zukünftige Geschehen vorweg und
- machen dazu in aller Regel schriftliche Aufzeichnungen.

Ein Plan spiegelt nicht 1:1 die zukünftige Realität wider, sondern erleichtert es, die zukünftige Realität zielgerichtet gestalten zu können. Bei der Umsetzung gehören Abweichungen zum Arbeitsalltag. Aber ohne Planung wäre der Arbeitsalltag unkontrollierbar. Fehlende Planung hat zur Folge, dass

- Kunden unzufrieden sind
- Mitarbeiter unzufrieden sind
- Ressourcen - Arbeitsmittel und Zeit - vergeudet werden und
- ein Unternehmen am Markt nicht überleben kann.

Strategische Planung

Die strategische Planung wird auch langfristige Planung genannt. Die Unternehmensleitung

- entwickelt Visionen
- beschreibt langfristige Ziele
- schreibt Leitbild/Philosophie des Unternehmens fest
- entscheidet, welche Produkte und/oder welche Dienstleistungen das Unternehmen anbietet
- entscheidet, welche Kundengruppe das Unternehmen anspricht
- legt die Organisationsform des Unternehmens fest
- legt den wirtschaftlichen Rahmen fest.

Dies geschieht nicht einmalig, sondern muss regelmäßig überprüft und angepasst werden.

Auch als Leiterin der Abteilung Hauswirtschaft planen Sie strategisch. Sie

- entwickeln hauswirtschaftliche Visionen
- beschreiben langfristige hauswirtschaftliche Ziele
- erstellen ein hauswirtschaftliches Leitbild
- entscheiden über die Art des hauswirtschaftlichen Dienstleistungsangebots, wobei Sie die wirtschaftlichen und qualitätsrelevanten Vorgaben der Unternehmensleitung einbeziehen.

Die hauswirtschaftliche strategische Planung steht im unmittelbaren Zusammenhang mit der Gesamtunternehmensplanung und muss mit deren Planung kompatibel sein und in aller Regel von der Unternehmensleitung

passend

genehmigt werden. Auch diese Planung muss in Intervallen überarbeitet werden.

Hauswirtschaftliche strategische Entscheidungen können z.B. sein:

- Erbringung der Dienstleistungen mit eigenen Mitarbeitern oder externen Dienstleistungsunternehmen (Gebäudereiniger, gewerbliche Wäscherei, Catering)
- Ausrichtung der Verpflegung an ökologischen Grundsätzen (Einsatz von Bioprodukten oder regionalen Produkten)
- Grad der Beteiligung der Kunden an den hauswirtschaftlichen Dienstleistungen (Normalitätsprinzip in der Behindertenhilfe, Mitarbeit der Schüler in einem Internat, Mitarbeit der Gäste in einer Jugendherberge)
- Erweiterung des hauswirtschaftlichen Angebots (Außer-Haus-Verkauf von Mahlzeiten, Wäscheservice für andere Einrichtungen)
- Grad der Qualifizierung der Mitarbeiter (nur Pflichtschulungen oder auch weitere Fortbildungsmaßnahmen)
- Angebot von Ausbildungsplätzen in der Hauswirtschaft.

Operative Planung

Die operative Planung wird auch mittel- und kurzfristige Planung genannt. In der operativen Planung befassen Sie sich mit der Umsetzung der strategischen Vorgaben. Dazu gehören z.B.:

- Planung des Leistungsangebots
- Personalplanung: Personalbedarf, Personaleinsatz, Einarbeitung, Fortbildung, Mitarbeitergespräche, duale Ausbildung
- Prozessplanung und Schnittstellengestaltung
- Beschaffung und Einsatz von Arbeitsmitteln
- Kommunikationswege
- Marketingmaßnahmen
- Kalkulationen
- Budgetplanung
- Investitionsplanung

Abgrenzung strategische und operative Planung	
Strategische Planung klärt	Was?
Operative Planung klärt	Wie und womit?

Was sind Instrumente?

Instrumente sind

- Arbeitsmittel
- Handwerkszeug
- Hilfsmittel
- Techniken oder
- Methoden,

die Sie dabei unterstützen, Aufgaben zu erfüllen. Bei manuell auszuführenden Tätigkeiten sind Instrumente häufig Gegenstände, bei Managementaufgaben dagegen Methoden und Techniken.

Aufgabe	Instrumente
Zimmerreinigung	〉 Reinigungsmittel 〉 Wischbezüge mit Halter 〉 Reinigungswagen 〉 Reinigungstücher 〉 Reinigungsplan
Mittagsbüffet	〉 Gar- und Kühlgeräte 〉 Arbeitstische 〉 Geschirr 〉 GN-Behälter 〉 Lebensmittel 〉 Rezepturen
Qualitätsverbesserung	〉 Kundenbefragung 〉 Qualitätszirkel 〉 interne Audits
Planung	〉 Organigramme 〉 Ziele, Zielsysteme und Maßnahmenpläne 〉 Flussdiagramme 〉 Checklisten 〉 Matrix-Diagramme 〉 Baumdiagramme 〉 Nutzwertanalysen 〉 Netzplantechnik

In diesem Kapitel werden die Planungsinstrumente anhand von Beispielen aus dem hauswirtschaftlichen Management erläutert. Die Einsatzbereiche sind exemplarisch gewählt und lassen sich auf weitere Planungsaufgaben anwenden.

Organigramme

In Organigrammen oder Organisationsschaubildern wird die Aufbauorganisation und somit die Hierarchie eines Unternehmens abgebildet.

Mit Hilfe von Organigrammen wird geplant und festgelegt,

- wie die vielfältigen Aufgaben eines Unternehmens koordiniert werden
- wie das Geflecht von Vorgesetzten und Untergebenen organisiert ist
- wem welche Kompetenzen zugeteilt sind
- auf welche Abteilungen die Ressourcen (Personal und Mittel) verteilt werden müssen.

Die Funktionen in einer Hierarchie werden in Rechtecken dargestellt, die Abhängigkeiten durch „Linien" verdeutlicht. Sie kennzeichnen den Kommunikations- und Dienstweg. Auf diesem Weg werden

- Informationen
- Anweisungen
- Rückmeldungen

in beide Richtungen transportiert. Eine erfolgreiche Kommunikation und Führung in einem Unternehmen basiert darauf, dass jeder Mitarbeiter die Funktion auf der Ebene ausfüllt, die ihm in der „Linie" zugeteilt ist. Daraus leitet sich der Begriff „Linienorganisation" ab.

Eine Hauswirtschaftsleitung hat als Vorgesetzte die Haus- oder Einrichtungsleitung und ist gleichzeitig Vorgesetzte für die hauswirtschaftlichen Mitarbeiter.

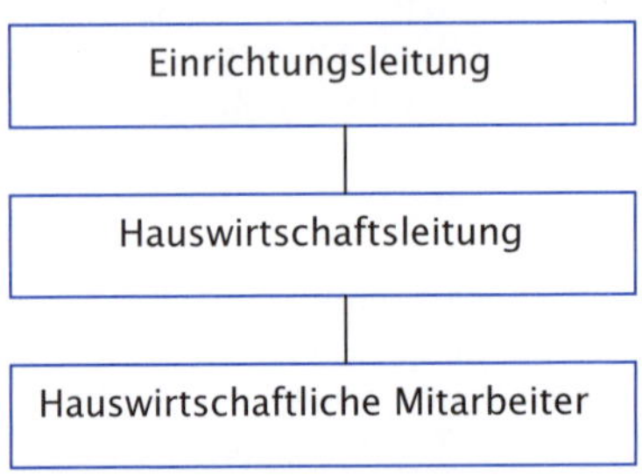

Sie ist z.B. in stationären Einrichtungen in der Regel in derselben Hierarchie-Ebene angesiedelt wie die Pflegedienstleitung und die Leitung des Sozialdienstes.

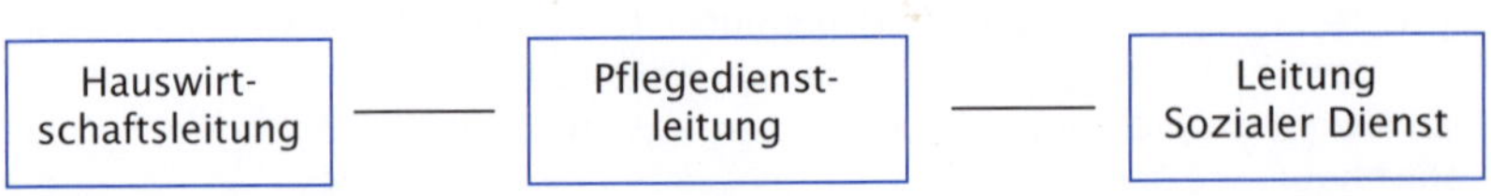

Neben Linienfunktionen gibt es die Stabsfunktionen, die nicht direkt in die Hierarchie eingebunden sind. Sie werden durch Kreise dargestellt.

Stäbe sind z.B. Fachkräfte für Arbeitssicherheit, Hygienefachkräfte und Qualitätsbeauftragte. Sie haben als Vorgesetzte in der Regel die Unternehmensleitung und besitzen niemandem gegenüber Weisungsbefugnis. Auch das Controlling kann Stabsfunktion haben, da es ja „lediglich" berät, aber nicht selbst entscheidet.

Es gibt nicht d a s Organigramm, sondern jede Einrichtung muss die für sie geeignete Form der Aufbauorganisation finden.

Auszüge aus Organigrammen von Alten- und Pflegeheimen

Beispiel 1

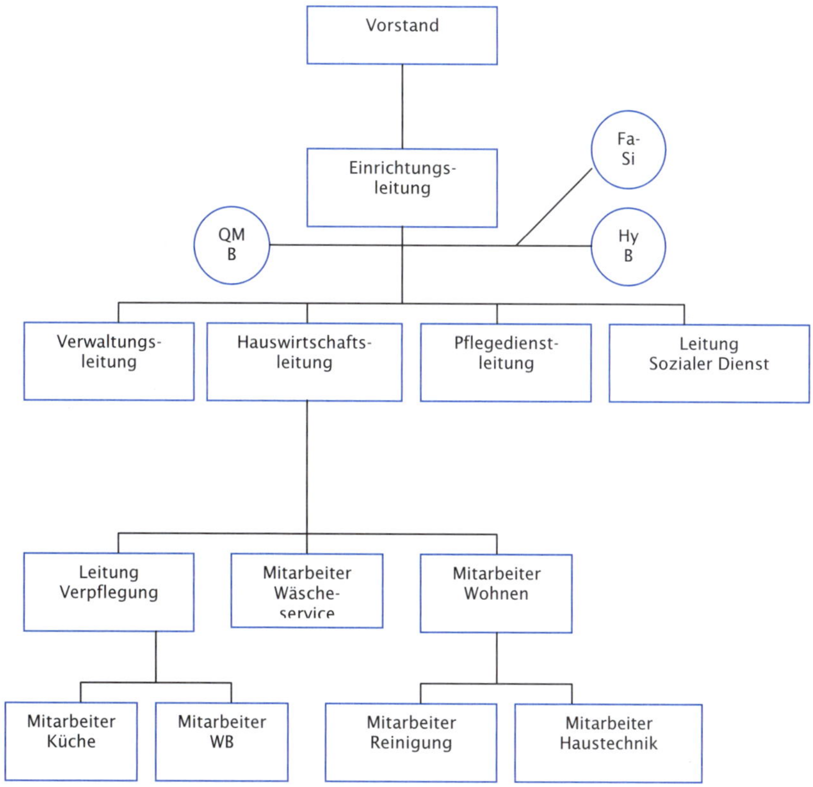

QMB: Qualitätsmanagementbeauftragter
FaSi: Fachkraft für Arbeitssicherheit
HyB: Hygienebeauftragter
WB: Wohnbereich

Beispiel 2

In diesem Beispiel sind die hauswirtschaftlichen Servicekräfte in den Wohnbereichen disziplinarisch den Wohnbereichsleitungen unterstellt, fachlich jedoch der Hauswirtschaftsleitung.

Die fachliche Unterstellung wird mit Hilfe einer gestrichelten Linie dargestellt.

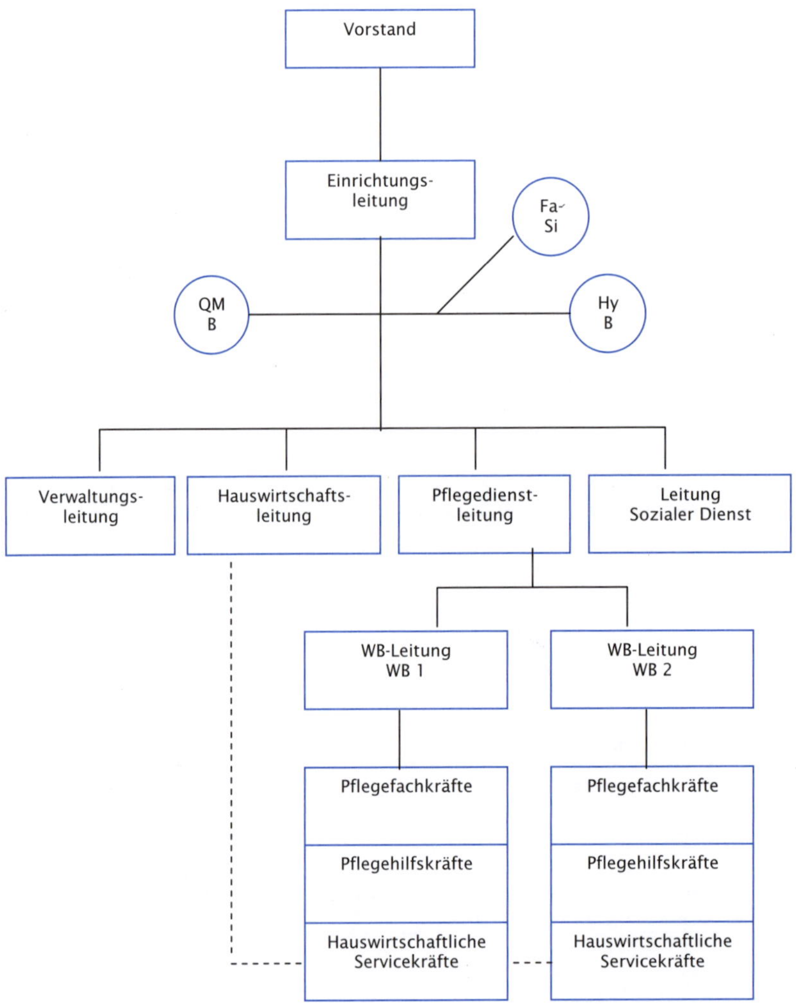

Auszug aus einem Organigramm von drei Tagungshäusern in einer Trägerschaft

In diesem Beispiel werden nur die Abteilungen benannt, nicht die Mitarbeiter.

Hier ist eine Geschäftsführung für drei Tagungshäuser zuständig.

Die Verwaltung fungiert als Stabsstelle, da sie keine Weisungsbefugnis gegenüber den Leitungen der einzelnen Tagungshäuser hat.

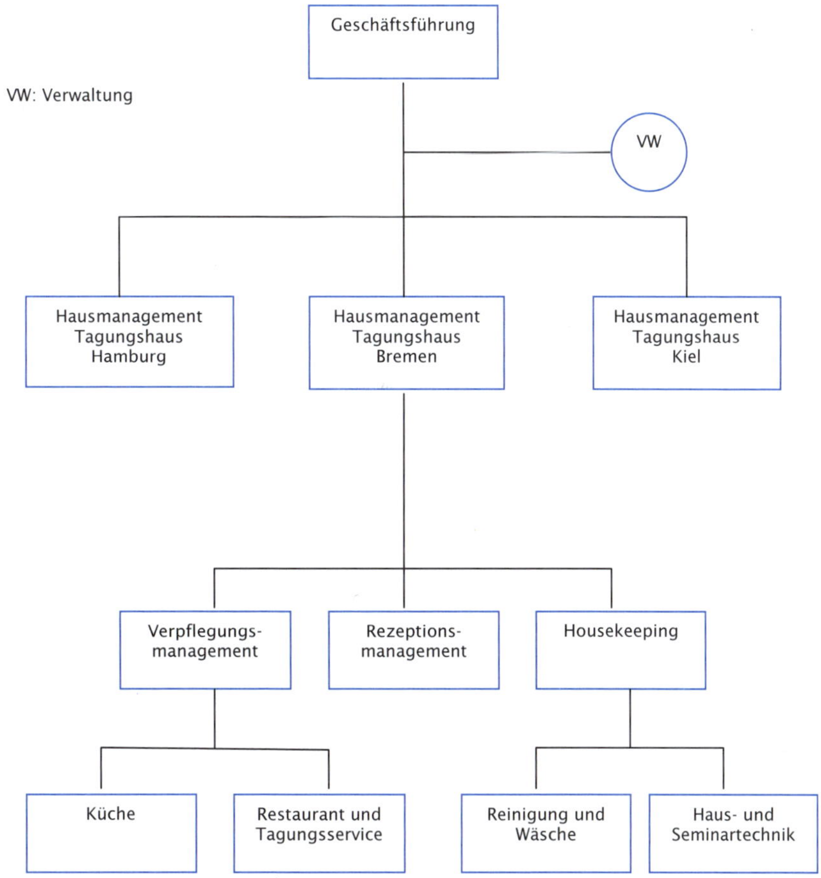

Ziele, Zielsysteme und Maßnahmenpläne

Ziele

Ziele beschreiben einen angestrebten, gewünschten Zustand. Sie dienen als Orientierungspunkt für das zukünftige Handeln. Jeder Mitarbeiter soll wissen: das wollen wir erreichen, hieran müssen wir arbeiten. Damit Ziele umgesetzt werden können, müssen sie so ausgearbeitet sein, das sie folgende Fragen beantworten können:

- Was soll erreicht werden?
- Wann soll das Ziel erreicht sein?
- Woran lässt sich das Ziel messen?

Des Weiteren müssen Ziele

- realistisch
- verständlich
- positiv
- in der Aktivform
- und im Präsens

formuliert sein. Gute Zielformulierungen bewirken, dass sich die Beteiligten das Ziel gut vorstellen können. So lässt sich die Wahrscheinlichkeit, das Ziel zu erreichen, erhöhen.

Beispiel für ein strategisches Ziel

Zielbeschreibung:

Um eine langfristige Existenzsicherung des Tagungshauses auf mindestens fünf Jahre zu erreichen, stellen wir innerhalb der nächsten vier Monate unsere Verpflegung von konventioneller Kost auf Biokost um.
Durch diese ökologische Ausrichtung binden wir Stammkunden und gewinnen Neukunden.

Frage	Beispiel
Was soll erreicht werden?	Langfristige Existenzsicherung des Tagungshauses durch Umstellung von konventioneller Kost auf Biokost
Wann soll das Ziel erreicht sein?	Umstellung auf Biokost: innerhalb der nächsten vier Monate Existenzsicherung: fünf Jahre
Woran lässt sich das Ziel messen?	Zahl der Buchungen, unterteilt nach Stamm- und Neukunden Gästebefragung Höhe der Erlöse

Beispiel für ein operatives Ziel

Zielbeschreibung:

Bei der Umstellung auf Biokost innerhalb der nächsten vier Monate optimieren wir die Lebensmittelbeschaffung und die Prozesse. Innerhalb von zwölf Monaten steigt der Erlös um 10 %.

Frage	Beispiel
Was soll erreicht werden?	Erlössteigerung um 10 % bei der Umstellung von konventioneller Kost auf Biokost
Wann soll das Ziel erreicht sein?	Umstellung auf Biokost innerhalb der nächsten vier Monate Erlössteigerung innerhalb von zwölf Monaten
Woran lässt sich das Ziel messen?	Zahl der Buchungen von Stamm- und Neukunden Höhe des Lebensmittelaufwands Lieferantenanalysen und -auswahl Rezepturen Höhe der Erlöse

Zielsysteme

Von jedem Hauptziel (hier: Existenzsicherung des Unternehmens) werden mehrere Teilziele abgeleitet. Um von einem Hauptziel zu einem Teilziel zu gelangen, stellen Sie sich die Frage: Mit welchen Möglichkeiten lässt sich das Hauptziel erreichen?

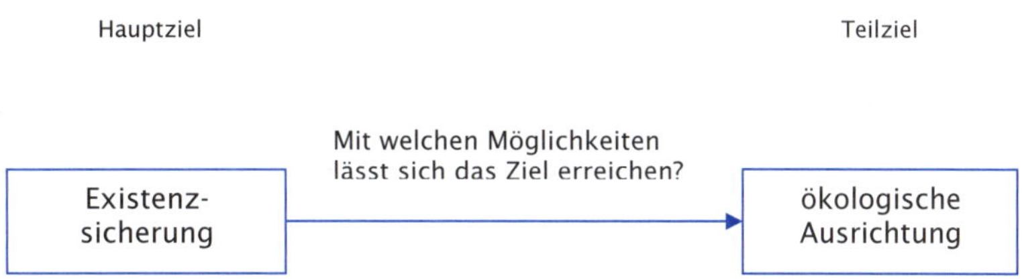

Von den Teilzielen lassen sich wiederum weitere Ziele ableiten. So entsteht ein Zielsystem über mehrere Ebenen. Zielsysteme lassen sich übersichtlich als Baumdiagramm darstellen (s. S. 38)

Zielsystem „Existenzsicherung“

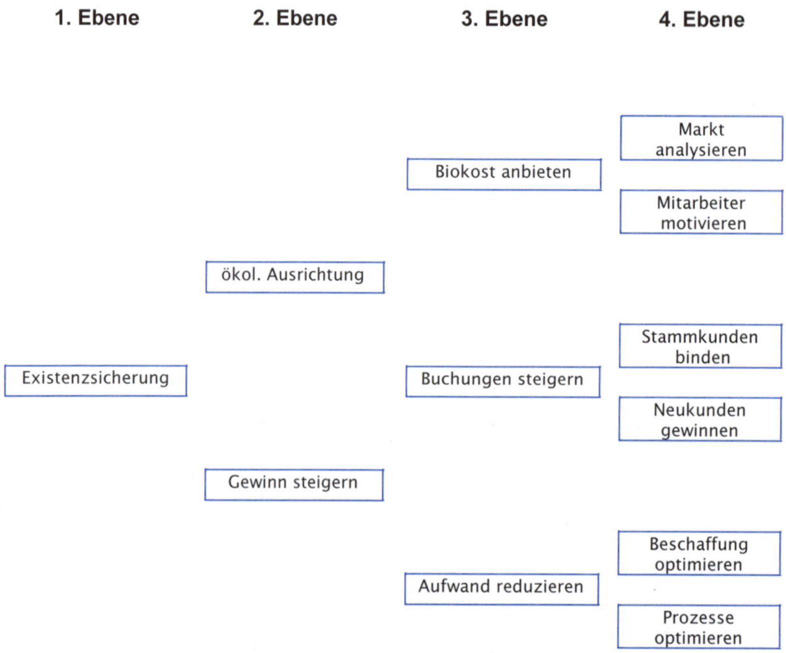

Betrachtet man nicht nur Einzelziele, sondern das ganze Zielsystem, wird deutlich, dass kein Ziel für sich allein steht, sondern Ziele miteinander verwoben sind.

Im Idealfall sind Ziele kompatibel, d.h. keine Zielerreichung verhindert, dass andere Ziele erfüllt werden können. In der Praxis kommt es jedoch häufig zu Zielkonflikten.

Das Ziel „Prozesse optimieren“ hat zur Folge, dass sich Mitarbeiter umstellen müssen oder dass möglicherweise Stellen reduziert werden müssen. Das macht es schwer, das Ziel „Mitarbeitermotivation“ zu erreichen.

Zur Lösung von Zielkonflikten gibt es zwei Möglichkeiten:

- entweder wird die Priorität der Ziele, die miteinander im Wettbewerb stehen, festgelegt: Ziel 1 ist wichtiger als Ziel 2, also wird Ziel 1 angestrebt und Ziel 2 fallengelassen
- oder beide Ziele werden weiterverfolgt in dem Bewusstsein, dass keines von beiden gänzlich erfüllt werden kann.

Maßnahmenplan

Ziele sind der Einstieg in die Planungsarbeit. Um Ziele erreichen zu können, werden aus den Zielen der letzten Zielebene Maßnahmen abgeleitet. So entsteht der Maßnahmenplan mit den Kriterien:

- Ziel
- Maßnahme
- Zuständigkeit
- Termin
- Kosten

Beispiel Maßnahmenplan

Ziel	Maßnahmen	zuständig	Termin	Kosten
Markt analysieren	Lieferanten von Bioprodukten recherchieren Kontakt aufnehmen zu anderen Einrichtungen, die Biokost anbieten Informationen bei Verbänden einholen Kundenbefragung ...			
Mitarbeiter motivieren	Teamsitzung ...			
Stammkunden binden	Kundenbefragung ...			
Neukunden gewinnen	Marketingkonzept entwickeln ...			
Beschaffung optimieren	Lieferantenanalyse ...			
Prozesse optimieren	Prozesse analysieren ...			

Flussdiagramme

Mit Flussdiagrammen - auch Fließdiagramme oder flow-charts genannt - werden Abläufe grafisch dargestellt. Sie sind ein Planungsinstrument für die Ablauforganisation. Mit ihnen lassen sich sowohl komplexe Prozesse als auch weniger verzweigte Arbeitsabläufe darstellen.

Symbole des Flussdiagramms und ihre Bedeutung

- Tätigkeit, Aufgabe, Prozessschritt

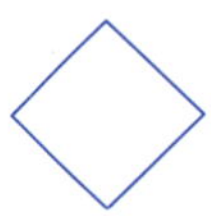

- Entscheidung im Prozessablauf
  enthält eine Frage, die mit ja oder nein zu beantworten ist

- Vorgabedokument
  Vorgaben, die zur Bearbeitung eines Prozessschrittes notwendig sind; im Flussdiagramm der Tätigkeit links zugeordnet

- Nachweisdokument
  Schriftliche Aufzeichnung (z.B. Protokoll, Bericht), die während oder nach einer Tätigkeit erfolgt; im Flussdiagramm der Tätigkeit rechts zugeordnet

- Verlauf der Prozessschritte

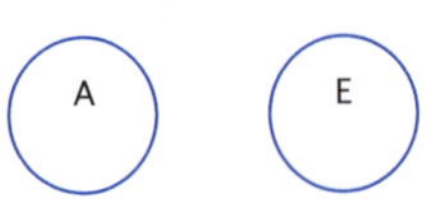

- Anfang und Ende des Prozesses

Flussdiagramm „Planung einer Investition"

Detaillierte Erläuterungen zur Investitionsplanung s. S. 106

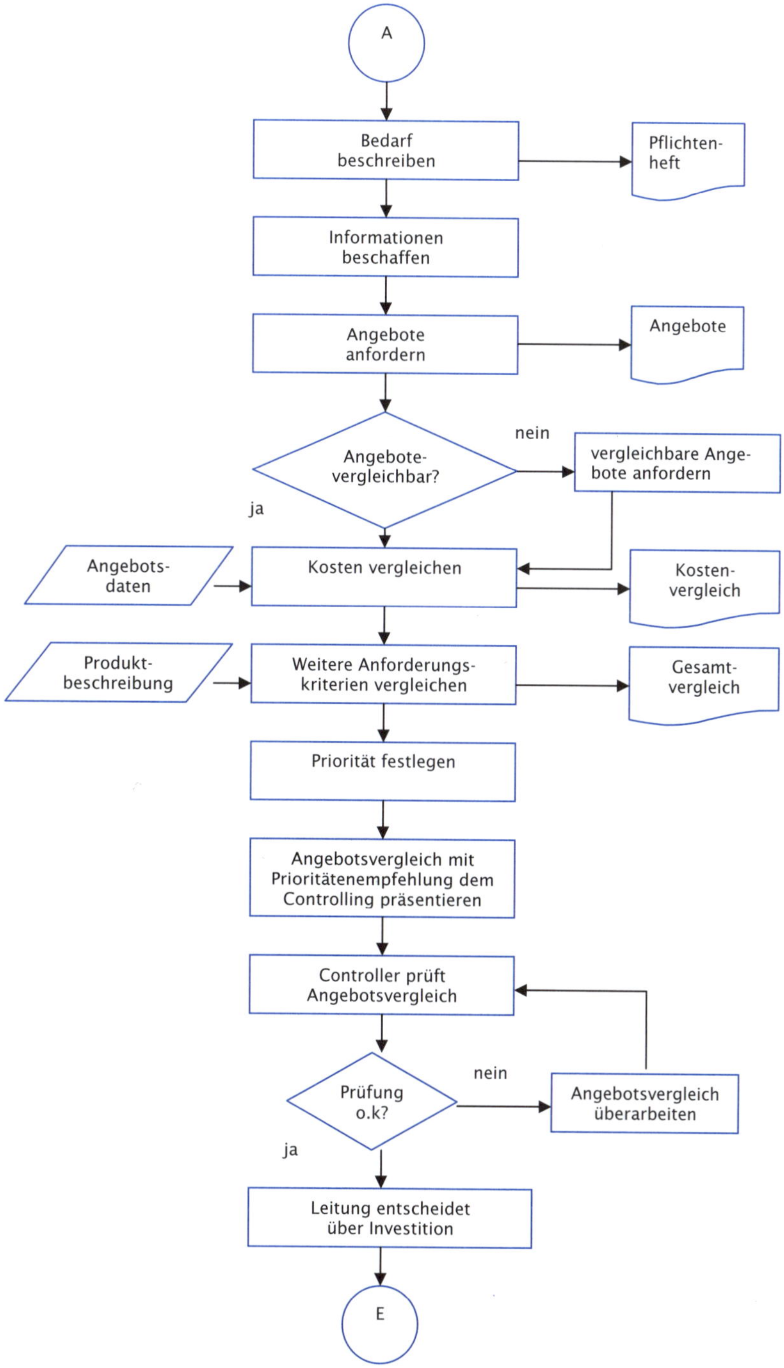

Checklisten

Checklisten sind Allround-Planungsinstrumente, die Sie für jede Planungsarbeit einsetzen können. Auch wenn das Wort „to check“ mit „prüfen“ oder „kontrollieren“ übersetzt wird, dienen Checklisten ebenso der Planung: Sie überprüfen, ob Sie bei der Planung oder Entscheidung an alles gedacht haben.

Hier einige Beispiele für den Einsatz von Checklisten.

Beispiel 1

In Checklisten können Sie Arbeitsschritte in logischer Abfolge notieren. Im Gegensatz zum Flussdiagramm eignet sich die Checkliste eher bei unverzweigten Abläufen, die meist nur von einer Person ausgeführt werden. Hierbei werden Vor- oder Nachweisdokumente nicht berücksichtigt.

Die Kostenkalkulation eines Menüs ist in „Betriebs- und Unternehmensführung“ Band 1 im Kapitel „Kostenmanagement“ mit Zahlenbeispielen erläutert.

Checkliste Kostenkalkulation Menü

1. Einzelkosten ermitteln
   - Personalkosten
   - Lebensmittelkosten
2. Gemeinkostenzuschlag addieren
3. Verwaltungs- und Vertriebskosten addieren
4. Gewinn addieren
5. durch Anzahl der produzierten Menüs dividieren
6. Mehrwertsteuer addieren
7. Bruttoverkaufspreis runden

Beispiel 2

Mit Checklisten können Sie den Einsatz von Arbeitsmitteln planen.

Die nebenstehende Checkliste erfüllt gleich drei Funktionen:

1. Unterstützung bei der Beschaffungsplanung
2. Unterstützung für die Reinigungskräfte beim täglichen Kurzcheck auf Vollständigkeit
3. Unterstützung für die Leitung bei der Kontrolle der Reinigungswagen

Checkliste Ausrüstung Reinigungswagen

- Farbige Eimer mit farbigen Reinigungstüchern (rot, gelb, blau)
- Reinigungschemie: Sanitärreiniger, Neutralreiniger, Bodenpflege
- Wischbezüge und -halter
- Schutzhandschuhe
- Abfallbeutel und -säcke
- Handfeger, Kehrblech, Spachtel
- Heizkörperbürste, Spinnwebenbesen
- Toilettenpapier, Papierhandtücher, Hygienebeutel
- Warnschild
- Mappe zur Reinigungsdokumentation

Beispiel 3

Mit Checklisten können Sie Verbrauchsmengen planen. Mit der folgenden Liste fordern Reinigungsmitarbeiter wöchentlich ihre benötigten Arbeitsmittel an.

Materialanforderung **Datum:** _______________

Reinigungskraft/Reinigungsrevier: ______________________________________

Anzahl	Artikel
	Sanitärreiniger, 1l
	Neutralreiniger, 1l
	Bodenpflege, 1l
	Schutzhandschuhe Größe S
	Schutzhandschuhe Größe M
	Schutzhandschuhe Größe L
	Abfallsack 120 l
	Abfallbeutel 30 l
	...

Diese Checkliste können Sie weiterentwickeln, wenn Sie die Überwachung des Gesamtverbrauchs planen.

Materialverbrauch **Monat:** _______________

Artikel	Anzahl Revier 1	Anzahl Revier 2	Anzahl Revier 3	Anzahl Revier 4
Sanitärreiniger, 1l				
Neutralreiniger, 1l				
Bodenpflege, 1l				
...				

Beispiel 4

Mit Checklisten können Sie Qualitätskontrollen planen. Dazu definieren Sie die Qualitätsanforderungen und stellen in Tabellenform dar, ob sie erreicht werden.

Checkliste „Anlieferung der extern bearbeiteten Wäsche“

Datum: _______________

Anforderung	erfüllt	nicht erfüllt	Bemerkung
Anlieferung ist pünktlich			
Lieferwagen und Auslieferungsfahrer entsprechen den Hygieneanforderungen			
Sortierung entspricht den vereinbarten Vorgaben			
Wäsche ist sauber, frei von Haaren, Flusen und Schädlingen			
Wäsche ist vollständig trocken			
Wäsche hat einen neutralen Geruch			

Auch diese Checkliste lässt sich umarbeiten, wenn Sie eine Jahres- oder Monatsauswertung vornehmen wollen.

Checkliste „Monatliche Bewertung der Wäscheanlieferung“

Monat: _______________

Anforderung	nicht erfüllt	Bemerkung
Anlieferung ist pünktlich	3 x	
Lieferwagen und Auslieferungsfahrer entsprechen den Hygieneanforderungen	-	
Sortierung entspricht den vereinbarten Vorgaben	1 x	
Wäsche ist sauber, frei von Haaren, Flusen und Schädlingen	2 x	
Wäsche ist vollständig trocken	1 x	
Wäsche hat einen neutralen Geruch	-	

Matrix-Diagramme

Checklisten werden häufig in Tabellenform dargestellt, wobei in der ersten Zeile der Tabelle die Kriterien benannt werden, die für diese Planungsarbeit relevant sind.

Matrix-Diagramme sind eine Weiterentwicklung von einfachen Tabellen. Bei L-förmigen Matrix-Diagrammen, der einfachsten Matrix, werden den Kriterien in der ersten Zeile Kriterien in der ersten Spalte hinzugefügt. So können die Kriterien der Waagerechten mit denen der Senkrechten in Beziehung gesetzt werden.

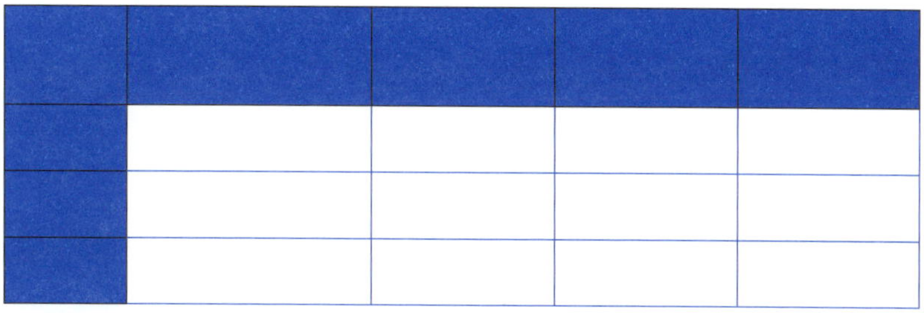

Bei T-förmigen Matrix-Diagrammen kommt eine dritte Kriteriengruppe hinzu, die auch in der Senkrechten angeordnet wird, allerdings oberhalb der ursprünglich ersten Zeile, die damit in den optischen Mittelpunkt rückt.

Y-förmige, X-förmige und C-förmige Matrixdiagramme erlauben es, weitere Kriteriengruppen einzubeziehen.

Sie sind äußerst kompliziert darzustellen und in der Praxis wenig gebräuchlich. Sie werden hier deshalb nicht näher erläutert.

Beispiel 1 für ein L-förmiges Matrixdiagramm

Sie planen die Anschaffung eines Heißluftdämpfers und haben Informationen über drei Geräte vorliegen. Um die Entscheidung vorzubereiten, können Sie mit einer L-förmigen Matrix die Eigenschaften/Ausführungen der Geräte übersichtlich vergleichen.

Vergleich von Heißluftdämpfern

Gerät / Eigenschaften	Gerät 1	Gerät 2	Gerät 3
Anschaffungskosten			
Kapazität in 1/1 GN			
max. Essen-Anzahl			
Längs-/Quereinschub			
max. Einschubhöhe (mit Unterschrank)			
Energieverbrauch			
Maße (Breite, Tiefe, Höhe)			
gesamter Platzbedarf inkl. Abständen			
Bedienerfreundlichkeit			
Kerntemperaturfühler			
Brause			
Reinigung			
Entkalkung			
Fettabscheidesystem			
Garraumbeleuchtung			
Zubehör			
kostenlose Einführungsschulung			
...			

Beispiel 2 für ein L-förmiges Matrixdiagramm

Sie planen das Fortbildungsbudget. Nachdem Sie Fortbildungen und Mitarbeiter festgelegt haben, erstellen Sie eine Kostenübersicht nach Bereichen.

Darstellung von Fortbildungskosten nach Bereichen

Bereich / Kostenart	Küche	Reinigung	Wäscherei
Seminargebühr			
Fahrtkosten			
Übernachtungskosten			
Ausfallkosten			
Summe			

Beispiel 3 für ein L-förmiges Matrixdiagramm

Sie planen eine Wäscheinventur.

Wäscheinventur

Ort / Wäscheart	Wäscherei	Lager Wohnbereiche	Bewohnerzimmer	Produktionsküche	Wohnbereichsküchen	Summe
Bettbezüge						
Bettlaken						
Handtücher						
Waschhandschuhe						
...						
Küchentücher						
...						
Reinigungstücher						
...						

Beispiel 1 für ein T-förmiges Matrixdiagramm

Bei der Planung des wöchentlichen Personalbedarfs bei wechselnder Belegung, z.B. in einem Tagungshaus, arbeiten Sie mit drei Kriteriengruppen:

- Belegungszahlen
- Mitarbeiterbedarf
- Wochentage

Mit einem T-förmigen Matrixdiagramm können Sie die drei Gruppen übersichtlich in Beziehung setzen.

Planung wöchentlicher Personaleinsatz **KW ____________**

Reinigung								
Restaurant Abendservice								
Restaurant Mittagservice								
Restaurant Frühstückservice								
Küche 16.00-21.00 Uhr								
Küche 14.00-16.00 Uhr								
Küche 8.00-14.00 Uhr								
Küche 6.30- 9.00 Uhr								
Anzahl Mitarbeiter / Anzahl Gäste	Wochentag	Mo	Di	Mi	Do	Fr	Sa	So
Übernachtung								
Frühstück								
Mittag								
Abend								
Seminarverpflegung vormittags								
Anzahl Gästegruppen vormittags								
Seminarverpflegung nachmittags								
Anzahl Gästegruppen nachmittags								

Beispiel 2 für ein T-förmiges Matrixdiagramm

Bei der Planung des Wäschebedarfs für mehrere Wohnbereiche setzen Sie die drei Kriteriengruppen

- Wohnbereiche
- Wäscheart
- Pflegestufe

in Beziehung. Mit der dritten Kriteriengruppe können Sie den Bedarf realistischer planen, weil er sich dann nicht nur an der absoluten Bewohnerzahl orientiert, sondern den tatsächlichen Pflege- und Wäschebedarf aufgrund der Pflegebedürftigkeit berücksichtigt.

Zuvor müssen Sie mit den Mitarbeitern der Pflege einen Standard (inklusive Reserve) für den Wäschebedarf in den verschiedenen Pflegestufen festlegen.

Planung wöchentlicher Wäschebedarf

keine Pflegestufe					
Pflegestufe 1					
Pflegestufe 2					
Pflegestufe 3					
Anzahl Bewohner nach Pflegestufen / Wäscheart	Wohnbereiche	WB 1	WB 2	WB 3	WB 4
Bettbezug					
Bettlaken					
Kopfkissenbezüge					
Handtücher					
Duschhandtücher					
Waschhandschuhe					
Vorlagen					
...					

Beispiel 3 für ein T-förmiges Matrixdiagramm

Sie planen

- Vorbeugemaßnahmen zum Gesundheits- und Arbeitsschutz und
- Maßnahmen zur familienfreundlichen Gestaltung des Unternehmens.

Dazu ermitteln Sie, welche Ausfallzeiten bei den Mitarbeitern durch

- Krankheit
- Arbeitsunfall
- Reha-Maßnahmen
- Betreuung eines kranken Kindes
- Betreuung eines pflegebedürftigen Angehörigen

entstehen. Die Ausfallzeiten setzen Sie ins Verhältnis zur Altersstruktur und zum Beschäftigungsgrad der Mitarbeiter. So erhalten Sie verlässliche Planungswerte für Ihre Maßnahmen.

Statistik Fehlzeiten **Jahr _________**

Betreuung pflegebedürftige Person						
Betreuung Kind bei Krankheit						
Reha-Maßnahme						
Arbeitsunfall						
Krankheit						
Anzahl Ausfalltage / Altersstruktur/ Beschäftigungsgrad	Mitarbeiter	Frau A	Frau B	Frau C	Herr D	...
Beschäftigungsgrad in %						
18 - 27 Jahre						
28 - 37 Jahre						
38 - 47 Jahre						
48 - 57 Jahre						
58 - 67 Jahre						

Beispiel 4 für ein T-förmiges Matrixdiagramm

Sollten Sie einen hohen Reparaturaufwand für Geräte und Maschinen haben, müssen Sie Ihre Mitarbeiter gezielt im Umgang mit Geräten (nach)schulen. Eine einmalige Schulung zu Beginn eines Arbeitsverhältnisses oder bei Neueinführung eines Gerätes reichen nicht aus. Zudem fordert das Arbeitsschutzgesetz regelmäßige Schulungen.

Damit diese Schulungen gezielt geplant werden können, ermitteln Sie,

- 〉 bei welchen Geräten/Maschinen
- 〉 an welchen Einsatzbereichen
- 〉 welcher Reparaturaufwand und -grund

entstanden ist.

Statistik Reparaturen Geräte/Maschinen

Ausfallzeit des Gerätes in Std.							
Bedienungsfehler (ja/nein)							
Reparaturkosten							
Reparatur Standort	Maschine/ Gerät	1	2	3	4	5	...
Küche							
Wäscherei							
Verwaltung							
Reinigungsrevier 1							
Reinigungsrevier 2							
Reinigungsrevier 3							
Haustechnik							
...							

Anmerkung: Bei Arbeitsunfällen an Maschinen und Geräten müssen Sie unabhängig von jeglicher Statistik unmittelbar nach dem Unfall eine Schulung im Umgang mit der Maschine oder dem Gerät durchführen.

Baumdiagramme

In Baumdiagrammen lassen sich die Verzweigungen und Abhängigkeiten einer Planungsarbeit abbilden.

Ausgehend von einem „Stamm“ - der Planungsaufgabe - werden die davon abgehenden „Verästelungen“ - Teilaufgaben/Abhängigkeiten - grafisch dargestellt. Mit jeder weiteren Verzweigung wird die Planung detaillierter.

Beispiel 1
Einflusskriterien bei der wöchentlichen Speisenplanung

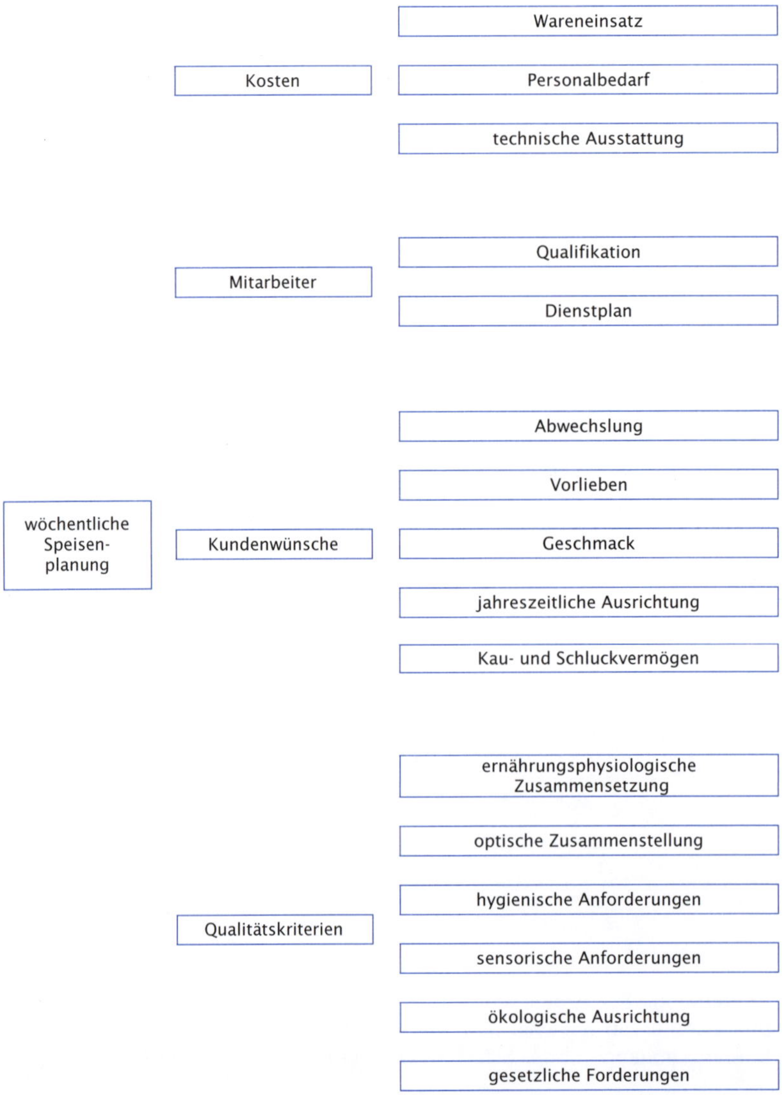

Beispiel 2
Planungskriterien für die Anschaffung von Reinigungswagen

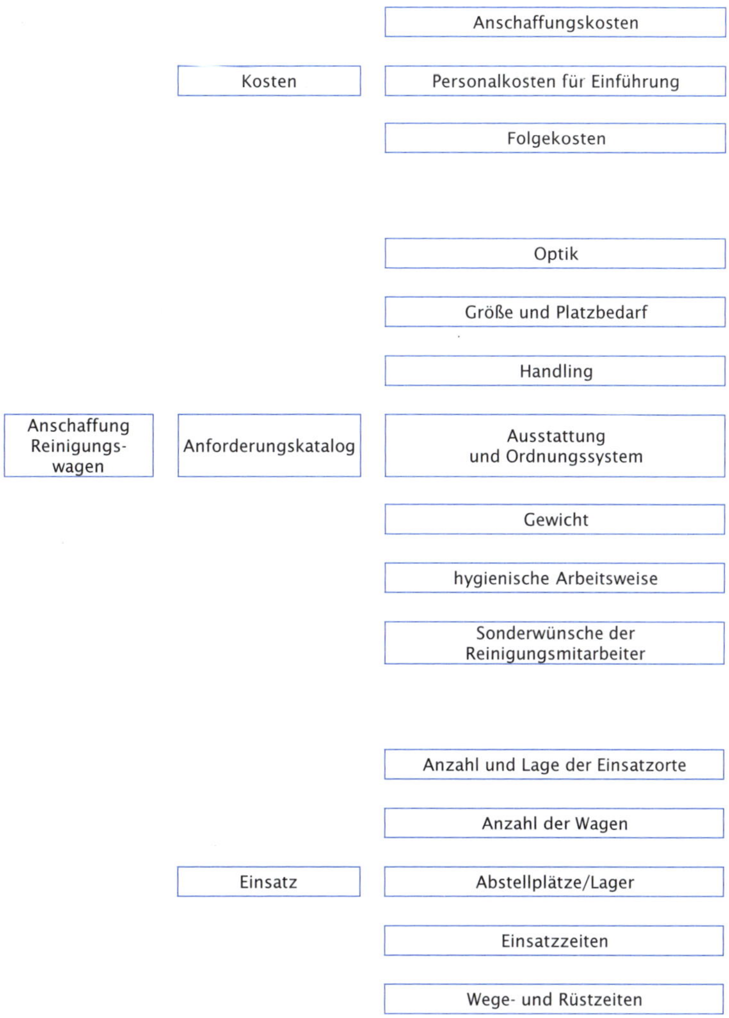

Nutzwertanalyse

Die Nutzwertanalyse ist ein wertvolles Controllinginstrument, das Sie bei komplexen Planungsaufgaben unterstützt.

Wenn Sie für eine Planungsaufgabe mehrere Alternativen zur Auswahl haben, müssen nicht nur die Kosten verglichen werden, sondern auch alle anderen Einflusskriterien. So verschaffen Sie sich ein Gesamtbild vom Nutzen (Nutzwert) der verschiedenen Alternativen.

Bei der Nutzwertanalyse durchlaufen Sie sechs Schritte:

1. Alternativen benennen
2. Entscheidungskriterien festlegen
3. Entscheidungskriterien gewichten
4. Entscheidungskriterien bewerten
5. Nutzwert berechnen
6. Entscheidung treffen

Schritt 1: Alternativen benennen

Sie möchten Reinigungswagen - je nach Hersteller auch Gerätewagen, Systemwagen oder Servicewagen genannt – beschaffen und haben drei Angebote zur Auswahl vorliegen.

Sie haben sich

- auf einer Messe
- durch einen Beraterbesuch vor Ort
- und/oder durch die Beobachtung im Praxiseinsatz in einer anderen Einrichtung

mit der Funktionsweise der Wagen vertraut gemacht. Es handelt sich um die Wagen der

- Fa. Blitzblank (Alternative 1)
- Fa. Wischfrisch (Alternative 2)
- Fa. Sausbraus (Alternative 3)

Schritt 2: Entscheidungskriterien festlegen

Erstellen Sie für die Entscheidungskriterien ein Baumdiagramm, mit dem Sie die Verzweigungen und Abhängigkeiten der Kriterien deutlich machen. Für die weitere Vorgehensweise wird hier auf das Baumdiagramm auf S. 39 zurückgegriffen. Das Planungskriterium „Einsatz“ wird nicht bewertet, da es interne Aspekte aufgreift, die unabhängig von den drei Anbietern sind.

Zu vergleichen sind die Kriterien „Kosten“ und „Anforderungskatalog“. Der besseren Systematik wegen werden sie nummeriert.

Kriterien der 1. Ebene	Kriterien der 2. Ebene
1. Kosten	1.1 Anschaffungskosten
	1.2 Personalkosten für Einführung
	1.3 Folgekosten
2. Anforderungskatalog	2.1 Optik
	2.2 Größe und Platzbedarf
	2.3 Handling
	2.4 Ausstattung und Ordnungssystem
	2.5 Gewicht
	2.6 hygienische Arbeitsweise
	2.7 Sonderwünsche der Reinigungsmitarbeiter

Schritt 3: Entscheidungskriterien gewichten

Die Entscheidungskriterien der untersten Ebene werden nun gewichtet. Dazu wird in einem paarweisen Vergleich jedes Kriterium mit jedem verglichen. In der Tabelle erhält das wichtigere Kriterium eine 1.

Beim Vergleich geht man zeilenweise vor. Zunächst wird also das Kriterium 1.1 mit allen anderen verglichen. Wenn z.B. das Kriterium 1.1 wichtiger ist als 2.6 steht in der ersten Zeile in der Spalte für das Kriterium 2.6 eine 1.

Beim Vergleich eines Kriteriums mit sich selbst (1.1 verglichen mit 1.1 usw.) steht immer eine 1.

	1.1	**1.2**	**1.3**	**2.1**	**2.2**	**2.3**	**2.4**	**2.5.**	**2.6**	**2.7**
1.1	1	1	1	1	1	1	1	1	1	1
1.2		1								
1.3		1	1	1				1		1
2.1		1	1	1				1		
2.2		1	1	1	1			1		
2.3		1	1	1	1	1		1		1
2.4		1	1	1	1	1	1	1		1
2.5		1						1		
2.6		1	1	1	1	1	1	1	1	1
2.7		1		1	1			1		1

Um die Gewichtung der einzelnen Kriterien zu berechnen, werden die Zahlen in jeder Zeile summiert (Σ), zur Gegenkontrolle auch in jeder Spalte. Das Ergebnis beträgt waagerecht wie senkrecht 56. Anschließend werden die summierten Werte für jede Zeile prozentual berechnet. Dabei beträgt die Summe aller Zeilen 100 %.

Für die Zeile 1.1 gilt: $\frac{100 \times 10}{56}$ usw.

In der letzten Spalte wird zum Schluss die Rangordnung notiert.

	1.1	1.2	1.3	2.1	2.2	2.3	2.4	2.5.	2.6	2.7	Σ	%	Rang
1.1	1	1	1	1	1	1	1	1	1	1	10	17,9	1
1.2		1									1	1,8	8
1.3		1	1	1				1		1	5	8,9	5
2.1		1	1	1				1			4	7,2	6
2.2		1	1	1	1			1			5	8,9	5
2.3		1	1	1	1	1		1		1	7	12,5	4
2.4		1	1	1	1	1	1	1		1	8	14,3	3
2.5		1						1			2	3,6	7
2.6		1	1	1	1	1	1	1	1	1	9	16,0	2
2.7		1		1	1			1		1	5	8,9	5
Σ	1	10	7	8	6	4	3	9	2	6	56	100,0	

Ergebnis der Gewichtung

Rang 1	17,9 %	1.1 Anschaffungskosten
Rang 2	16,0 %	2.6 hygienische Arbeitsweise
Rang 3	14,3 %	2.4 Ausstattung und Ordnungssystem
Rang 4	12,5 %	2.3 Handling
Rang 5	8,9 %	1.3 Folgekosten
Rang 5	8,9 %	2.2 Größe und Platzbedarf
Rang 5	8,9 %	2.7 Sonderwünsche der Reinigungsmitarbeiter
Rang 6	7,2 %	2.1 Optik
Rang 7	3,6 %	2.5 Gewicht
Rang 8	1,8 %	1.2 Personalkosten für Einführung

Schritt 4: Entscheidungskriterien bewerten

Die Entscheidungskriterien werden für jedes der drei Angebote bewertet. Dazu werden für jedes Kriterium bei allen drei Angeboten Punkte von 1-10 vergeben.

- 10 Punkte bedeuten: Das Angebot ist für dieses Kriterium optimal
- 1 Punkt bedeutet: Das Angebot ist für dieses Kriterium inakzeptabel

In einer Teamsitzung werden die Entscheidungskriterien systematisch für alle Angebote diskutiert. Das Team sollte aus Ihnen als Hauswirtschaftsleitung, einer Reinigungskraft und einem Mitarbeiter aus dem Controlling bestehen. So gewährleisten Sie, dass in die Entscheidung

- hauswirtschaftliches Fachwissen
- Praxiswissen und
- betriebswirtschaftliches Fachwissen

einfließen. Dasselbe Team sollte auch schon die Gewichtung im Schritt 3 vorgenommen haben.

Ergebnis der Bewertung

	Fa. Blitz-blank	Fa. Wisch-frisch	Fa. Saus-braus
1.1 Anschaffungskosten	10	9	6
1.2 Personalkosten für Einführung	8	6	6
1.3 Folgekosten	8	8	6
2.1 Optik	6	8	10
2.2 Größe und Platzbedarf	8	10	10
2.3 Handling	6	8	10
2.4 Ausstattung und Ordnungssystem	6	10	10
2.5 Gewicht	8	5	8
2.6 hygienische Arbeitsweise	7	9	10
2.7 Sonderwünsche der Reinigungsmitarbeiter	1	8	10

Schritt 5: Nutzwert berechnen

Nach der Bewertung erfolgt die rechnerische Auswertung. Die Bewertungskriterien werden mit den prozentualen Gewichtungen multipliziert.

$$\frac{\text{Note x Gewichtung}}{100}$$

So entsteht der Nutzwert, der für jedes der drei Angebote über alle Kriterien addiert wird.

	Fa. Blitzblank		Fa. Wischfrisch		Fa. Sausbraus	
	Note	Nutzwert	Note	Nutzwert	Note	Nutzwert
1.1 Anschaffungskosten 17,9 %	10	1,79	9	1,61	6	1,07
1.2 Personalkosten für Einführung 1,8 %	8	0,14	6	0,11	6	0,11
1.3 Folgekosten 8,9 %	8	0,71	8	0,71	6	0,53
2.1 Optik 7,2 %	6	0,43	8	0,58	10	0,72
2.2 Größe und Platzbedarf 8,9 %	8	0,71	10	0,89	10	0,89
2.3 Handling 12,5 %	6	0,75	8	1,00	10	1,25
2.4 Ausstattung und Ordnungssystem 14,3 %	6	0,86	10	1,43	10	1,43
2.5 Gewicht 3,6 %	8	0,29	5	0,18	8	0,29
2.6 hygienische Arbeitsweise 16,0 %	7	1,12	9	1,44	10	1,60
2.7 Sonderwünsche der Mitarbeiter 8,9 %	1	0,09	8	0,71	10	0,89
Σ		**6,89**		**8,66**		**8,78**

Schritt 6: Entscheidung treffen

Die Alternative, die in der Summe den höchsten Nutzwert erzielt, „gewinnt".

Fa. Blitzblank glänzt zwar mit dem günstigsten Preis, hat aber den geringsten Nutzwert. Die Nutzwerte der Fa. Wischfrisch und Fa. Sausbraus liegen sehr eng beieinander.

Den Zuschlag dürfte in diesem Fall die Fa. Wischfrisch erhalten, da deren Anschaffungskosten geringer sind als die der Fa. Sausbraus.

Netzplantechnik

Die Netzplantechnik ist ein Zeitplanungsinstrument und wird häufig, aber nicht nur im Projektmanagement eingesetzt. Ziel ist es, umfangreiche Abläufe sachlich und zeitlich optimal zu strukturieren.

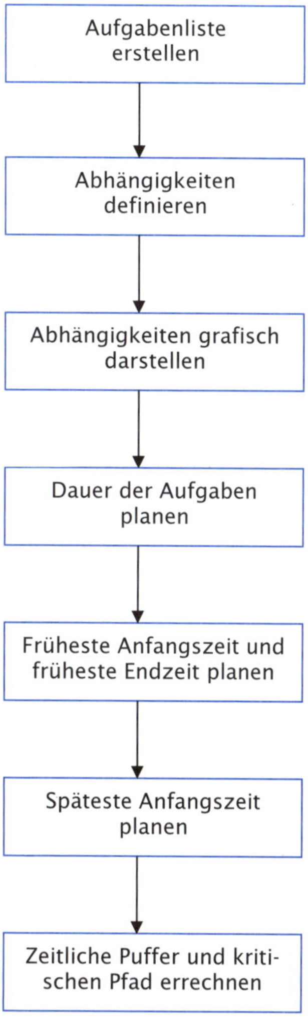

Die Netzplantechnik wird hier am Beispiel „Vorbereitung einer Inhouse-Schulung" erläutert.

Aufgabenliste erstellen

Im ersten Schritt legen Sie die Aufgaben - in der Netzplantechnik auch „Vorgänge“ genannt - fest, die für die Vorbereitung einer Inhouse-Schulung notwendig sind.

Die Aufgaben werden mit laufenden Nummern versehen und für jede Aufgabe wird eine Abkürzung festgelegt. Sie erleichtern das weitere Vorgehen.

Aufgabenliste

Lfd. Nr.	Aufgabe	Abkürzung
1	Referenten auswählen und Termin festlegen	RefTe
2	Lernziele festlegen	Lernz
3	Inhalte, Lernziele und Medienbedarf mit Referenten abstimmen	RefAb
4	Internen Ausschreibungstext erstellen	Text
5	Teilnehmerkreis festlegen, Einladungen erstellen und aushändigen	TN
6	Seminarraum und -technik reservieren	Tech
7	Verpflegung bestellen	Verpf
8	Seminarunterlagen kopieren und Teilnehmerliste erstellen	Kopie
9	Seminarraum und -verpflegung richten und auf Vollständigkeit prüfen	Raum
10	Referenten und Teilnehmer begrüßen (Ende der Vorbereitung)	Ende

Abhängigkeiten definieren

Nun geht es daran, die Abhängigkeiten der Aufgaben zu untersuchen. Lassen Sie sich dabei von den Fragen leiten

- Welche Aufgabe ist die erste?
- Welche ist die letzte?
- Welche Aufgaben können parallel laufen?
- Welche Aufgaben können, fachlich begründet, nur nacheinander abgearbeitet werden?

So erweitern Sie die Tabelle um die Spalte „Vorgänger“. Für jede Aufgabe wird festgelegt, welche Aufgabe der unmittelbare Vorgänger ist. Hat eine Aufgabe nicht nur einen, sondern zwei oder mehr Vorgänger, werden alle direkten Vorgänger verzeichnet.

Lfd. Nr.	Aufgabe	Vorgänger
1	RefTe	-
2	Lernz	1
3	RefAb	2
4	Text	3
5	TN	4
6	Tech	1
7	Verpf	1
8	Kopie	5
9	Raum	6, 7
10	Ende	8, 9

Abhängigkeiten grafisch darstellen

Wenn man die Aufgaben grafisch in der festgelegten Reihenfolge anordnet, entsteht ein Netz von logischen Abhängigkeiten. Die Rechtecke werden in der Netzplantechnik „Vorgangsknoten“ genannt.

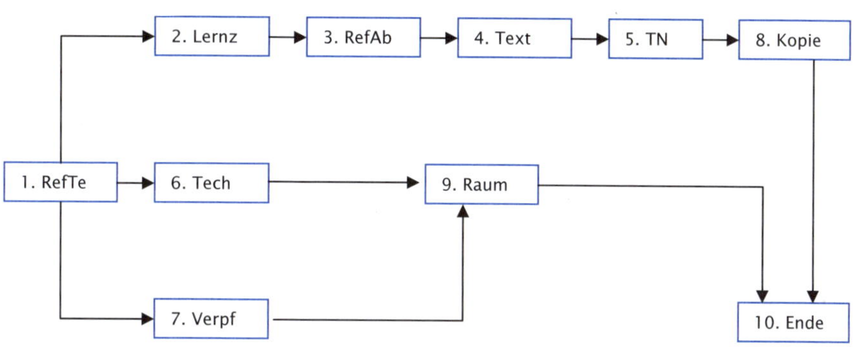

Dauer der Aufgaben planen

Bisher enthält der Netzplan noch keinen zeitlichen Aspekt. Dazu muss die Dauer der einzelnen Aufgaben festgelegt werden, und die Tabelle wird ein weiteres Mal erweitert, dieses Mal um die Spalte „Dauer“.

Lfd. Nr.	Abkürzung	Vorgänger	Dauer
1	RefTe	-	21 Tage
2	Lernz	1	1 Tag
3	RefAb	2	1 Tag
4	Text	3	1 Tag
5	TN	4	4 Tage
6	Tech	1	1 Tag
7	Verpf	1	1 Tag
8	Kopie	5	1 Tag
9	Raum	6,7	1 Tag
10	Ende	8,9	0

Früheste Anfangszeit und früheste Endzeit planen

Als weiterer zeitlicher Aspekt wird für jede Aufgabe geprüft,

- wann sie frühestens beginnen kann: früheste Anfangszeit (FAZ)
- wann sie frühestens enden kann: früheste Endzeit (FEZ)

Die FAZ einer Aufgabe ist identisch mit der FEZ ihres Vorgängers. Hat die Aufgabe mehrere Vorgänger, wie z.B. die Aufgabe 10, so ist hier für die Berechnung diejenige Aufgabe relevant, deren FEZ am spätesten liegt.

Aufgabe 10 „Begrüßung und Ende der Vorbereitung der Inhouse-Schulung“ kann erst durchgeführt werden, wenn alle Aufgaben ihre Endzeit erreicht haben. Bei der Ermittlung der FAZ aller Aufgaben beginnt man links bei der Aufgabe 1 und arbeitet sich nach rechts bis zur Aufgabe 10 durch. (Vorwärtsrechnung).

Die FEZ einer Aufgabe errechnet sich aus ihrer FAZ zuzüglich ihrer Dauer: FAZ + Dauer = FEZ

Nun werden die Vorgangsknoten erweitert. Bisher standen in jedem Rechteck nur die laufende Nummer der Aufgabe und die Bezeichnung der Aufgabe. Hinzu kommen jetzt:

- die Dauer der Aufgabe
- die früheste Anfangszeit (FAZ) der Aufgabe und
- die früheste Endzeit (FEZ) der Aufgabe

<table>
<tr><td colspan="2">lfd. Nummer, Aufgabe</td></tr>
<tr><td rowspan="2">Dauer</td><td>FAZ</td></tr>
<tr><td>FEZ</td></tr>
</table>

Netzplan mit Dauer, FAZ und FEZ

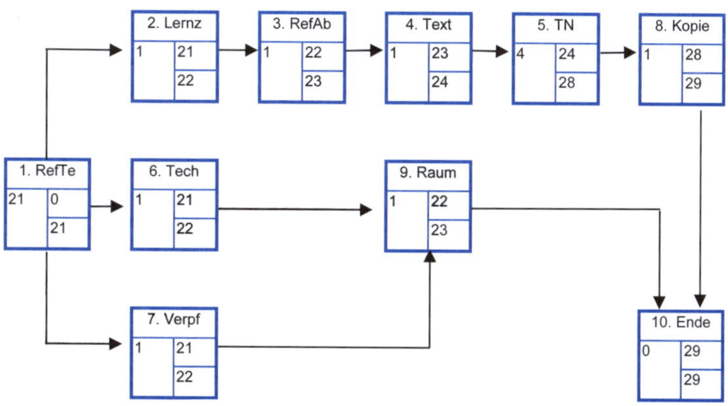

Mit der Aufgabe 1 „RefTE" beginnt der Netzplan. Für sie gilt:

- FAZ = 0
- Dauer = 21 Tage
- FEZ = 21 + 0 = 21

Die Aufgabe 2 „Lernz" hat als FAZ die FEZ ihres Vorgängers (1). Also gilt für sie:

- FAZ = 21
- Dauer = 1 Tag
- FEZ = 21 + 1 = 22

Dasselbe gilt für die Aufgaben 6 „Tech“ und 7 „Verpfl“.

Die Aufgabe 3 „RefAb“ hat die Aufgabe 2 „Lernz“ zum Vorgänger, dessen FEZ 22 beträgt. Also gilt:

- FAZ = 22
- Dauer = 1 Tag
- FEZ = 22 + 1 = 23

Die Aufgabe 4 „Text“ hat die Aufgabe 3 „RefAb“ zum Vorgänger, dessen FEZ 23 beträgt. Also gilt:

- FAZ = 23
- Dauer = 1 Tag
- FEZ = 23 + 1 = 24

Die Aufgabe 5 „TN“ hat die Aufgabe 4 „Text“ zum Vorgänger, dessen FEZ 24 beträgt. Also gilt:

- FAZ = 24
- Dauer = 4 Tag
- FEZ = 24 + 4 = 28

Die Aufgabe 8 „Kopie“ hat die Aufgabe 5 „TN“ zum Vorgänger, dessen FEZ 28 beträgt. Also gilt:

- FAZ = 28
- Dauer = 1 Tag
- FEZ = 28 + 1 = 29

Die Aufgabe 9 „Raum“ hat die Aufgabe 6 „Tech“ und 7 „Verpf“ als Vorgänger. Beide haben ihre FEZ bei 22. Also gilt:

- FAZ = 22
- Dauer = 1 Tag
- FEZ = 22 + 1 = 23

Die Aufgabe 10 „Ende“ hat schließlich die Aufgaben 8 „Kopie“ und 9 „Raum“ als Vorgänger.

- Aufgabe 8 hat ihre FEZ bei 29
- Aufgabe 9 hat ihre FEZ bei 23

Die FAZ der Aufgabe 10 ist die FEZ der Aufgabe 8, weil sie am spätesten liegt. Also gilt:

- FAZ = 29
- Dauer = 0 Tag
- FEZ = 29 + 0 = 29

Auf diese Weise haben Sie errechnet, dass die Vorbereitung der Inhouse-Schulung von der ersten bis zur letzten Aufgabe 29 Tage dauert.

Späteste Anfangszeit planen

Mit der Vorwärtsrechnung werden für alle Aufgaben die frühesten Anfangszeiten und die frühesten Endzeiten berechnet. Mit der Rückwärtsrechnung wird nun die späteste Anfangszeit (SAZ) errechnet, wenn die 29 Tage eingehalten werden sollen.

Die SAZ einer Aufgabe ist identisch mit der SAZ ihres Nachfolgers abzüglich ihrer eigenen Dauer. Ist eine Aufgabe Vorgänger für mehrere Aufgaben, wie Aufgabe 1, so ist für die Berechnung diejenige Aufgabe relevant, deren SAZ am frühesten liegt. Die späteste Anfangszeit (SAZ) wird im Vorgangsknoten unter FAZ und FEZ platziert.

lfd. Nummer, Vorgang	
Dauer	FAZ
	FEZ
	SAZ

Netzplan mit Dauer, FAZ, FEZ und SAZ

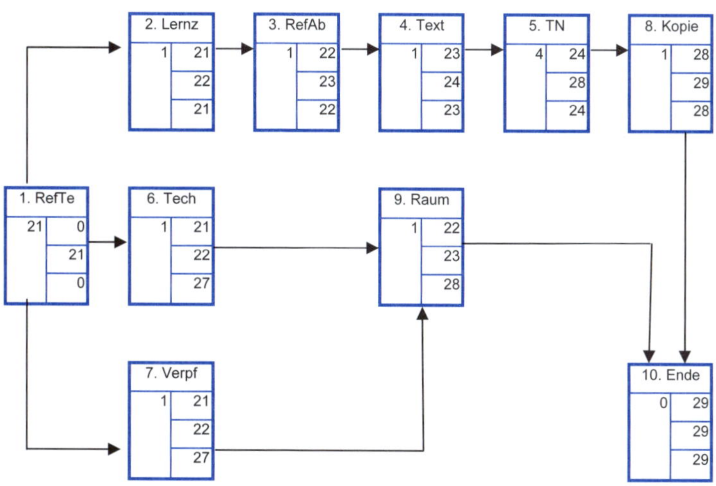

Mit der Aufgabe 10 „Ende“ schließt der Netzplan. Für sie ist die SAZ natürlich 29.

Die SAZ für Aufgabe 9 „Raum“ errechnet sich als

- SAZ von Aufgabe 10 - Dauer von Aufgabe 9 = 29 - 1 = 28

Aufgabe 8 „Kopie“:

- SAZ von Aufgabe 10 - Dauer von Aufgabe 8 = 29 - 1 = 28

Aufgabe 7 „Verpf“:

- SAZ von Aufgabe 9 - Dauer von Aufgabe 7 = 28 - 1 = 27

Aufgabe 6 „Tech“:

- SAZ von Aufgabe 9 - Dauer von Aufgabe 6 = 28 - 1 = 27

Aufgabe 5 „TN“

- SAZ von Aufgabe 8 - Dauer von Aufgabe 5 = 28 - 4 = 24

Aufgabe 4 „Text“

- SAZ von Aufgabe 5 - Dauer von Aufgabe 4 = 24 - 1 = 23

Aufgabe 3 „RefAb“

- SAZ von Aufgabe 4 - Dauer von Aufgabe 3 = 23 - 1 = 22

Aufgabe 2 „Lernz“

- SAZ von Aufgabe 3 - Dauer von Aufgabe 2 = 22 - 1 = 21

Aufgabe 1 „RefTe“ hat drei Nachfolger (Aufgabe 2, 6 und 7). Für die Rückwärtsrechnung ist derjenige Nachfolger relevant, dessen Anfangszeit am frühesten liegt.

SAZ der

- Aufgabe 2 = 21
- Aufgabe 6 = 27
- Aufgabe 7 = 27

Somit ist für die Berechnung der SAZ die Aufgabe 2 „Lernz“ relevant. Also gilt für Aufgabe 1 „RefTe“:

- SAZ von Aufgabe 2 - Dauer von Aufgabe 1 = 21 - 21 = 0

Zeitliche Puffer und kritischen Pfad berechnen

Mit der Vorwärtsrechnung haben Sie die früheste Anfangs- und Endzeit errechnet, mit der Rückwärtsrechnung die späteste Anfangszeit. Aus der FAZ und der SAZ ergeben sich die Pufferzeiten (P) für die Aufgaben. Diese errechnen sich mit der Formel

- P = SAZ - FAZ

Aufgabe 1
- P = 0 - 0 = 0

Aufgabe 2
- P = 21 - 21 = 0

Aufgabe 3
- P = 22 - 22 = 0

Aufgabe 4
- P = 23 - 23 = 0

Aufgabe 5
- P = 24 - 24 = 0

Aufgabe 6
- P = 27 - 21 = 6

Aufgabe 7
- P = 27 - 21 = 6

Aufgabe 8
- P = 28 - 28 = 0

Aufgabe 9
- P = 28 - 22 = 6

Aufgabe 10
- P = 29 - 29 = 0

Die Pufferzeit tragen Sie im Vorgangsknoten unten links ein.

<table>
<tr><td colspan="2">lfd. Nummer, Vorgang</td></tr>
<tr><td rowspan="2">Dauer</td><td>FAZ</td></tr>
<tr><td>FEZ</td></tr>
<tr><td>Puffer</td><td>SAZ</td></tr>
</table>

Netzplan mit Dauer, FAZ, FEZ und SAZ und Puffer (CPM)

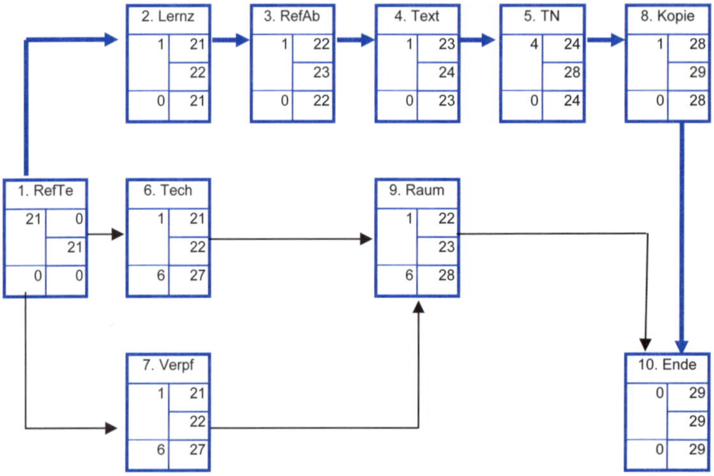

Die Reihenfolge der Aufgaben, deren Pufferzeit 0 beträgt, kennzeichnet den sog. „kritischen Pfad". Hier darf es zu keiner Verzögerung kommen, wenn das Ende in der vorgegebenen Zeit erreicht werden soll. Diese Methode des Netzplanes nennt sich deshalb „Critical path method" (CPM).

Der kritische Pfad ist im Netzplan mit blauen Pfeilen gekennzeichnet. Er verläuft über die Aufgaben 1, 2, 3, 4, 5, 8, 10.

Die Pufferzeiten der Aufgaben 6, 7 und 9 nutzen Sie nach den organisatorischen Gegebenheiten Ihrer Einrichtung.

Wenn zum Beispiel die Küche eine Information über die zusätzliche Verpflegung während einer Veranstaltung drei Tage im Voraus benötigt, so können Sie die Meldung am 21., 22., 23., 24., 25. oder 26. Tag in die Küche geben.

Ebenso kann es für die Ausstattung des Raumes organisatorische Vorgaben geben. Es dürfte wenig sinnvoll sein, den Raum schon sechs Tage im Voraus zu richten, in der Praxis geschieht das am Vortag oder am Veranstaltungstag.

Je komplexer ein Projekt ist, desto eher arbeitet man mit dem Instrument der Netzplantechnik. Für einfache Abläufe ist sie als Zeitplanung zu aufwändig.

Beispiel-Netzplan zur Planung einer Feier

Zur Vertiefung und Übung folgt ein zweites Beispiel. Das Projekt „Planung der 50-Jahr-Feier des Ferienhofes Waterkant" ist in „Projekte in der hauswirtschaftlichen Versorgung und Betreuung" näher beschrieben.

Aufgabenliste

Lfd. Nr.	Aufgabe	Abkürzung	Vorgänger	Dauer
1	Brainstorming-Tag vorbereiten und durchführen	Brain	-	15 Tage
2	Konzept entwickeln	Konz	1	15 Tage
3	Ideen für Gruppenaktionen erarbeiten	IdeeG	2	28 Tage
4	Ideen für Verpflegung erarbeiten	IdeeV	2	28 Tage
5	Ideen für Hausgestaltung erarbeiten	IdeeH	2	28 Tage
6	Gruppenaktionen planen	PlanG	3	46 Tage
7	Verpflegung planen	PlanV	4	46 Tage
8	Hausgestaltung planen	PlanH	5	46 Tage
9	Programm für 12.-14.08. erstellen	Pro	6	16 Tage
10	Kosten kalkulieren, Mittel beschaffen	KoMi	7, 8, 9	60 Tage
11	Raumnutzungsplan erstellen	PlanR	10	30 Tage
12	Notfallplan erstellen	Not	10	5 Tage
13	separaten Speiseplan für 12.-14.08. erstellen	PlSp	10	1 Tag
14	separaten Dienst- und Ablaufplan für 08.-14.08. erstellen	PlDA	10	1 Tag
15	Räume vorbereiten	Rvor	11	11 Tage
16	Event gemäß Ablaufplan durchführen	Event	12, 13, 14, 15	3 Tage
17	Event bewerten	EvBe	16	6 Tage
18	Ende	Ende	17	-

Netzplan (CPM)

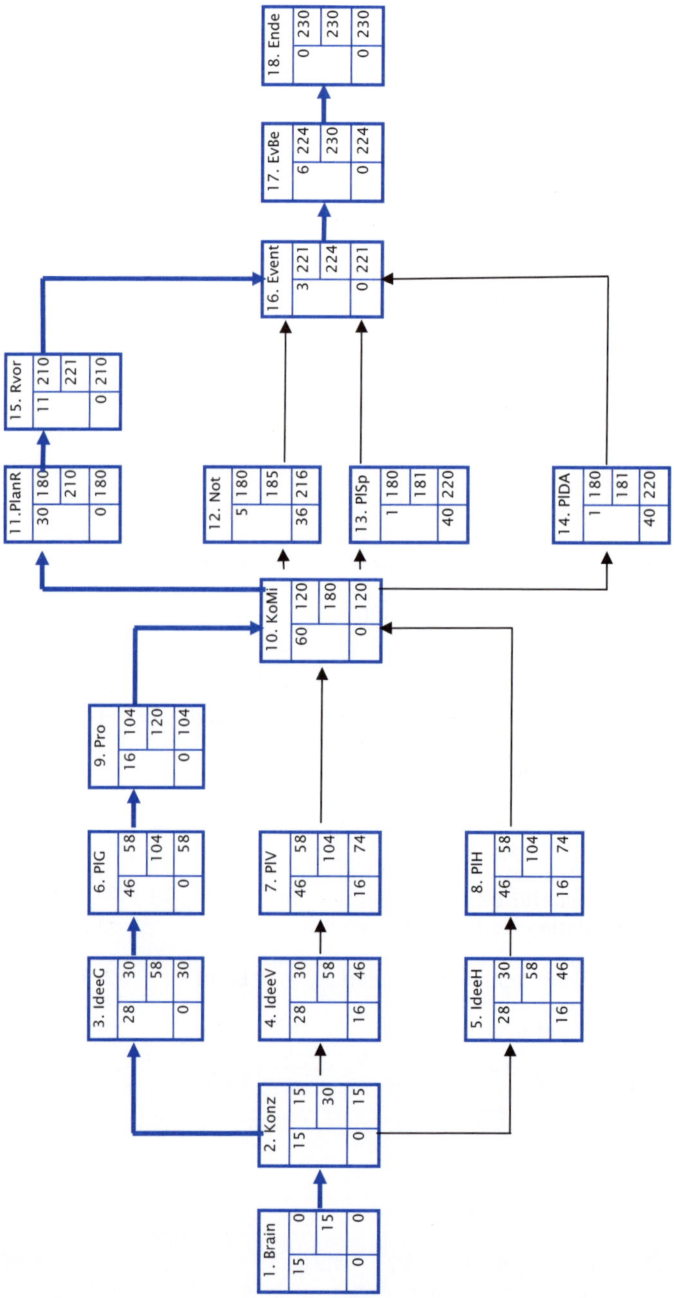

Meier			
Preis	4		
Produktqualität	5	10	50
Lieferfähigkeit	5	10	50
Lieferzuverlässigkeit	3	8	24
Service	4	10	40
Summe			**192**

Lieferant Schulze	Gewichtungs-faktor	ungewichtete Bewertung	gewich… Bewert…
Preis	4	8	3…
Produktqualität	5	8	
Lieferfähigkeit	5	6	
Lieferzuverlässigkeit	3	9	
Service	4	9	
Summe			

In einer Anforderungsmatrix fassen Sie die Beurteilunge…

	Lieferant Müller	Lieferant Meier
Preis	40	28
Produktqualität	40	50
Lieferfähigkeit	45	50
Lieferzuverlässigkeit	21	24
Service	32	40
Summe	**178**	**192**

Kapitel 3:

Planungsaufgaben

Budgetplanung

Unternehmen können am Markt nur bestehen, wenn sie

- die vorhandenen, aber knappen Ressourcen vernünftig, d.h. rational einsetzen (Rationalprinzip) und
- dabei beachten, dass ein finanzielles Gleichgewicht herrscht.

Nähere Ausführungen zum Rationalprinzip s. „Betriebs- und Unternehmensführung“ Band 1.

Vorhandene Mittel müssen geplant und gezielt eingesetzt werden und mit den zu erwartenden Erlösen in Einklang gebracht werden. Dazu dient das Budget (engl.: to budget = Gelder verplanen). In öffentlichen Haushalten spricht man vom Haushaltsplan oder Etat.

Budgets werden in aller Regel für ein Jahr geplant (Geschäftsjahr). Um mit einem Jahresbudget gut arbeiten zu können, wird es in der Praxis auf

- Quartalsbudgets
- Monatsbudgets
- manchmal auch Wochenbudgets

herunter gebrochen. Neben diesen periodischen Budgets gibt es Projektbudgets, die zeitunabhängig für ein bestimmtes Projekt erstellt werden.

Das vollständige Jahresbudget eines Unternehmens wird von Controllern geplant. Die Hauswirtschaft plant ihr Kostenstellenbudget. Am Ende des dritten oder Anfang des vierten Quartals eines Jahres fordert die Leitung oder das Controlling Sie auf, Ihr Hauswirtschaftsbudget für das kommende Jahr vorzulegen. Spätestens dann beginnt Ihre Planungsarbeit.

Der Planungsprozess läuft in vier Schritten ab.

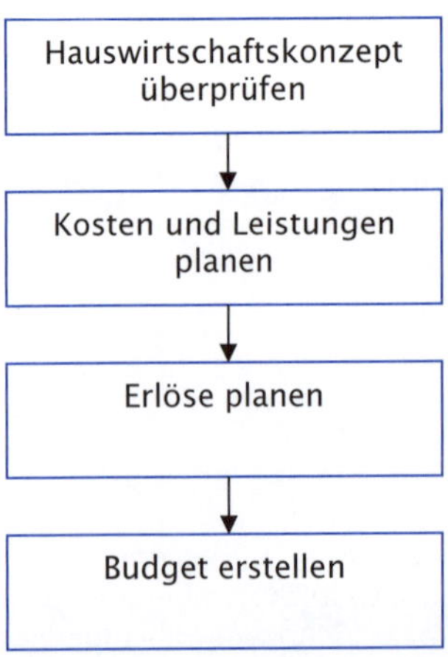

Keiner kann die Zukunft vorausschauen, deshalb beruht eine Budgetplanung immer auf einer Schätzung. Die Schätzung orientiert sich

- an Zahlen des Vorjahres und
- an voraussehbaren Veränderungen.

So beginnt die Budgetplanung mit einer Überprüfung des Hauswirtschaftskonzepts und der zukünftigen Entwicklung der Einrichtung und des Bereiches Hauswirtschaft. Erst danach lassen sich Leistungen, Kosten und Erlöse planen. Abschließend wird die Planung in einer übersichtlichen Form dargestellt.

Hauswirtschaftskonzept überprüfen

Ausführungen zu Hauswirtschaftskonzepten finden Sie in „Betriebs- und Unternehmensführung" Band 1 im Kapitel „Qualitätsmanagement". Dort sind Beispiele für

- ein Hauswirtschaftskonzept für eine stationäre Einrichtung in der Altenhilfe und
- ein Dienstleistungskonzept für ein Tagungshaus

ausgeführt.

Für die Budgetplanung überprüfen Sie, ob die Dienstleistungen und Strukturen, die im Hauswirtschaftskonzept beschrieben sind, im kommenden Jahr nach Art und Umfang beibehalten werden sollen, oder ob Veränderungen geplant sind.

Hier einige Beispiele für mögliche Veränderungen:

- Werden die Dienstleistungen weiterhin in Eigenleistung bzw. Fremdleistung erbracht?
- Wollen Sie eine größere Menüauswahl anbieten?
- Steigern Sie den Einsatz von Bioprodukten?
- Wollen Sie den Reinigungsturnus der Unterhaltsreinigung verändern?
- Planen Sie, neue Reinigungsprodukte einzuführen?
- Nehmen Sie Veränderungen im Wäschekreislauf vor?
- Wollen Sie neue Kundengruppen erschließen?
- Planen Sie neben den regelmäßigen Fortbildungen für Ihre Mitarbeiter besondere Qualifizierungsprogramme?
- Bleiben oder werden Sie Ausbildungsbetrieb? Oder müssen Sie die Ausbildung einstellen?
- Stehen Umbaumaßnahmen an?
- Benötigen Sie neue Maschinen und Geräte?
- Gibt es neue Auflagen von Behörden?
- Müssen/wollen Sie mehr in Hygienemaßnahmen, Arbeitsschutzmaßnahmen oder Umweltschutzmaßnahmen investieren?
- Planen Sie Aktionstage (z.B. ein großes Jubiläum)?

Wenn Veränderungen geplant sind, definieren Sie Ziele und Teilziele und legen die notwendigen Maßnahmen fest (s. S. 23)

Nach dieser wichtigen Vorarbeit können Sie mit der Planung der Leistungen und Kosten beginnen.

Leistungen und Kosten planen

Im Kapitel „Kostenmanagement“ in „Betriebs- und Unternehmensführung“ Band 1 sind die fachlichen Grundlagen zur Kalkulation von hauswirtschaftlichen Leistungen dargestellt. Dort wird erläutert, wie man von der Kostenartenrechnung über die Kostenstellenrechnung zur Kostenträgerrechnung gelangt. Die Kalkulationsbeispiele zeigen, wie man die Kosten für

- Menüs
- Wäscheleistungen und
- Reinigungsleistungen

ermitteln kann.

In diesem Kapitel geht es jetzt um die Fragen, wie

- Art und Umfang der Leistungen
- und deren Kosten

geplant werden können.

Leistungen planen

Art und Umfang der Leistungen einer Einrichtung oder eines hauswirtschaftlichen Dienstleistungsunternehmens werden bestimmt

- von der Art der Einrichtung und ihrer Kundengruppe, z.B. Tagungshaus, Jugendherberge, stationäre Einrichtungen im Gesundheits- und Sozialwesen, Betriebskantine, ambulante hauswirtschaftliche Dienstleistungen
- von der Philosophie der Einrichtung, die sich in der Unternehmenspolitik und im Leitbild widerspiegelt
- von der strategischen Planung mit ihren Zielen und Teilzielen
- vom hauswirtschaftlichen Konzept.

Nicht jede Einrichtung hält alle hauswirtschaftlichen Leistungen vor, die im Fachgebiet Hauswirtschaft möglich sind. Stationäre Einrichtungen und Tagungshäuser mit Vollversorgung bieten den größten Umfang an. Hier gehören folgende Leistungen zum Standard:

- Verpflegung
- Wäscheservice
- Reinigungsservice
- Wohnraumgestaltung
- Hauswirtschaftliche Betreuung
- Hauswirtschaftliche Beratung

Der Umfang der Leistungen wird in Leistungsverzeichnissen beschrieben (s. „Betriebs- und Unternehmensführung“ Band 1).

Neben Art und Umfang der Leistung ist es für die Leistungsplanung notwendig zu wissen, wie häufig bzw. für wie viele Personen die Leistungen in einem festgelegten Zeitraum (Tag, Woche, Monat, Jahr) erbracht werden. Die entscheidende Planungsgröße hierfür ist die Auslastung einer Einrichtung.

Beispiel Alten- und Pflegeheim

Die Auslastung von stationären Einrichtungen ist vergleichsweise leicht zu planen. Alten- und Pflegeheime z.B. liegen heute meist bei einer Auslastung zwischen 94 % und 98 %.

Die Beispiel-Einrichtung verfügt über

- 70 Einzelzimmer und
- 20 Doppelzimmer

und somit über 70 + 2 x 20 = 110 Betten

Eine 100 % -ige Auslastung würde erreicht, wenn die Betten an allen Tagen des Jahres belegt wären.

- 110 Betten x 365 Tage = 40.150 Belegungstage

Im Beispiel wird von einer 95 %-igen Auslastung ausgegangen. Sie berücksichtigt nicht vermietete Zimmer und Abwesenheit der Bewohner durch Urlaub oder Krankenhausaufenthalte.

Die Belegungstage berechnen sich mit der Formel

$$\frac{\text{Belegungstage bei Vollauslastung} \times 95}{100} = \text{Anzahl der Belegungstage}$$

$$\frac{40.150 \times 95}{100} = 38.143 \text{ Belegungstage}$$

Leistungen für die Verpflegung

Die Küche rechnet mit Beköstigungstagen (BKT). Sie entsprechen der Höhe der Belegungstage. Hinzuzurechnen sind je nach Angebot der Einrichtung

- die Mitarbeiterverpflegung
- die Gästeessen und
- Sonderveranstaltungen.

Mitarbeiterverpflegung und Gästeessen werden in aller Regel nicht als Vollverpflegung gebucht, deshalb müssen die einzelnen Mahlzeiten mit Prozentanteilen eines BKT bewertet werden. Folgender Schlüssel kann für die prozentuale Aufteilung der sechs Mahlzeiten gelten:

Mahlzeit	Anteil am BKT
Hauptmahlzeiten	
Frühstück	20 %
Mittagessen	38 %
Abendessen	25 %
Zwischenmahlzeiten	
vormittags	5 %
nachmittags	8 %
spät/nachts	4 %
Σ	**100 %**

Jede Einrichtung muss ihren eigenen Verteilungsschlüssel definieren und in bestimmten Intervallen anpassen.

3.000 Mittagessen (Mitarbeiter und Gäste) z.B. ergeben nach diesem Verteilungsschlüssel

$$\frac{3.000 \times 38}{100} = 1.140 \text{ BKT}$$

Die Summe aller BKT ergibt sich aus den BKT der Bewohner und den anteilig errechneten BKT der einzelnen Mahlzeiten von Gästen und Mitarbeitern.

38.143 BKT + 1.140 BKT = 39.283 BKT

Leistungen für den Wäscheservice

Für die Berechnung des Leistungsvolumens für die Pflege der Wäsche gilt als Grundlage das wöchentliche Wäscheaufkommen pro Bewohner. Hierbei handelt es sich nicht nur um die bewohnereigene Wäsche, sondern um das gesamte Wäscheaufkommen im Haus, das durch die Anzahl der Bewohner dividiert wird. Es umfasst die Wäschepflege der

- bewohnereigenen Wäsche und Bekleidung
- Bett- und Frotteewäsche
- Wäsche der Pflege
- Wäsche der Küche und des Restaurants bzw. der Speiseräume in den Wohnbereichen
- Wäsche der Reinigungstextilien
- Personalwäsche
- Hauswäsche wie Gardinen, Decken u.a.

Je nach

- Gesundheitszustand
- Pflegebedürftigkeit
- persönlichen Ansprüchen
- Standards für den Wäscheverbrauch

können die wöchentlichen Mengen von 8 kg bis 13 kg/Bewohner reichen. Für die folgende Berechnung werden 10,5 kg/Woche zu Grunde gelegt.

- 10,5 kg/BW/Woche x 52,14 Wochen/Jahr = 547 kg/BW/Jahr

Bei durchschnittlich 104,5 Bewohnern (95 %-ige Auslastung) beträgt das Leistungsvolumen

- 547 kg/BW/Jahr x 104,5 BW = 57.162 kg/Jahr

Zusätzlich zur Pflege der Wäsche erbringt die Hauswirtschaft Leistungen für die Kennzeichnung der bewohnereigenen Wäsche. Diese werden bei Einzug und bei Kauf von neuer Wäsche notwendig. Wenn

- jeder Bewohner 100 Wäscheteile hat
- jeder Bewohner jährlich 20 neue Wäscheteile einbringt und
- pro Jahr die Hälfte der Betten neu belegt wird,

errechnen sich für die Leistung „Kennzeichnung"

52 Bewohner x 100 Wäscheteile =	5.200 Kennzeichnungen
104 Bewohner x 20 Wäscheteile =	2.080 Kennzeichnungen
Summe	7.280 Kennzeichnungen

Bei 38.143 Belegungstagen entspricht dies einer Leistung von 0,2 Kennzeichnungen/Belegungstag.

Leistungen für die Reinigung

Für die Berechnung der Leistungen in der Reinigung gilt als Grundlage die

- Fläche aller Räume der Einrichtung
- die Reinigungshäufigkeit (Wochenturnus)
- die m^2-Reinigungsleistung/ Std.

Aus diesen drei Komponenten lassen sich die Jahresreinigungsstunden errechnen.

Wochenturnus x 52,14 Wochen = Jahresfaktor

Jahresfaktor x Fläche = jährlich zu reinigende Fläche

$$\frac{\text{jährlich zu reinigende Fläche}}{\text{m}^2\text{-Reinigungsleistung/Std.}} = \text{Reinigungsstd./Jahr}$$

In der folgenden Übersicht werden 9.710 Reinigungsstunden errechnet. Dies entspricht bei 38.143 Belegungstagen einer Leistung von 0,25 Reinigungsstunden/Belegungstag oder 15 Min./Belegungstag.

Raumgruppe	Fläche in m^2	Wochen turnus	Jahres-faktor	jährliche Fläche in m^2	m^2-Leist./ Std.	Rei. Std. / Jahr
Bewohner-zimmer	2.000	3	156	312.000	120	2.600
Sanitärräume	800	6	312	249.600	55	4.538
Aufenthalts- u. Gruppenräume	360	5	260	93.600	180	520
Speiseräume	120	5	260	31.200	120	260
Flure, Windfang	800	5	260	208.000	320	650
Treppenhaus und Aufzüge	200	3	156	31.200	150	208
Verwaltungs-räume	150	2	104	15.600	120	130
Funktions-räume	300	3	156	46.800	120	390
Cafeteria	180	5	260	46.800	160	293
Kapelle, Sakristei, Aufbahrung	140	1	52	7.280	140	52
Lager-, Abfall- u.Abstellräume	200	1	52	10.400	150	69
Σ						**9.710**

Leistungen für die Wohnumfeldgestaltung

Leistungen der Wohnraumgestaltung lassen sich weniger präzise planen. Je nach Organisationsstruktur der Einrichtung fallen in diesen Bereich

- Unterstützung beim Einzug von Bewohnern
- Durchführung von kleinen Reparaturen
- Ausstattung von Räumen und Durchführung von Handwerkerarbeiten (Renovierungen)
- Wartung von Maschinen und Geräten
- Pflege und Prüfung der Brandschutzvorrichtungen
- Jahreszeitliche Raumdekoration der öffentlichen Räume
- Blumenpflege
- Pflege der Balkonbepflanzung
- Pflege der Außenanlage/Garten
- Entsorgung

Diese Leistungen sind in den Einrichtungen sehr unterschiedlich ausgeprägt, sodass sich hier nur exemplarisch ein Planungsschema (Häufigkeit/Jahr) darstellen lässt.

Leistung	jährlicher Turnus	Bemerkung
Unterstützung Einzug Bewohner	55	pro Jahr werden die Hälfte der Betten neu belegt
kleine Reparaturen	individuell	abhängig von Art und Alter der Einrichtung, der Geräte und Maschinen
Ausstattung und Renovierung	55	Grad des Renovierungsbedarfs ist individuell
Wartung	abhängig von Art der Geräte und Maschinen gemäß BGV A 3 (Berufsgenossenschaftliche Vorschrift)	
Brandschutz	1	gesetzlich vorgeschrieben
Jahreszeitliche Raumdekoration	10	Advent, Weihnachten, Winter, Karneval, Frühjahr, Ostern, Frühsommer, Sommer, Erntedank, Herbst
Blumenpflege	156	individuell nach Balkon-, Topfpflanzen und frischen Blumen
Balkonbepflanzung	2	Wechsel Sommer- und Winterbepflanzung
Außenanlagen/ Garten	4 12	Bepflanzung Pflege der Bepflanzung
Entsorgung	365	täglich

Leistungen für die hauswirtschaftliche Betreuung und Beratung

Hauswirtschaftliche Betreuung und Beratung lassen sich noch weniger als Leistungskennzahl ausdrücken, da sie häufig in die hauswirtschaftliche Versorgung eingebunden sind.

Zusätzliche Betreuungs- und Beratungsleistungen (sofern nicht dem Sozialen Dienst zugeordnet), die nicht unmittelbar in die tägliche Versorgung eingebunden sind, können z.B. sein

- Kochgruppen
- Besuch auf dem Wochenmarkt oder ähnliche Unterstützung bei Einkäufen
- Begleitung bei Ausflügen
- Hauswirtschaftliche Begleitung bei Urlaubsreisen

Art und Häufigkeit dieser Leistungen sind zu individuell, um sie hier darstellen zu können.

In Hausgemeinschaften sind hauswirtschaftliche Versorgung, Betreuung und Beratung sogar deckungsgleich. Aufgabe der Präsenzkraft ist die Unterstützung der Alltagsgestaltung, sodass sich die Leistungen nicht trennen lassen.

Beispiel Tagungshaus

Tagungshäuser können in aller Regel nicht mit einer so hohen Auslastung wie stationäre Einrichtungen rechnen.

Häuser mit einer sehr niedrigen Auslastung können nur existieren, wenn sie vom Träger (z.B. Kirche) subventioniert werden und nicht kostendeckend arbeiten müssen.

In Tagungshäusern sind Übernachtung, Tagung und Verpflegung separat buchbar. Deshalb muss die Berechnung der Auslastung für diese drei Gruppen separat erfolgen:

- Übernachtung
- Seminarräume
- Restaurants

Die Leistung für die

- Reinigung der öffentlichen Räume

wird zu gleichen Teilen auf die Gruppen Übernachtungen und Seminarräumen angerechnet.

Leistungen für Übernachtung

Das Beispiel-Tagungshaus verfügt über

- 50 Einzelzimmer
- 8 Doppelzimmer
- 8 Drei-Bett-Zimmer

und somit über

- 50 + 8 x 2 + 8 x 3 = 90 Betten

Bei einer ganzjährigen Öffnungszeit beträgt eine 100 % -ige Auslastung

- 90 Betten x 365 Tage = 32.850 belegbare Betten/Jahr.

Die Auslastung lag im letzten Jahr bei 55,4 %. Dies sind

$$\frac{32.850 \times 55,4}{100} = 18.198 \text{ belegte Betten.}$$

Der Umfang der Leistungen

- Zimmer reinigen
- Dusche/WC reinigen und mit Frotteewäsche ausstatten
- Betten richten
- Willkommensgruß richten,

der für die belegten Betten erbracht werden muss, ist nicht für alle belegten Betten gleich groß. Grund dafür sind

- die unterschiedliche Verweildauer der Gäste und
- die Anzahl der Betten pro Zimmer.

Bettenzahl / Zimmer — Verweildauer in Nächten	EZ		DZ		3-Bett-Zimmer	
	belegte Zimmer	belegte Betten	belegte Zimmer	belegte Betten	belegte Zimmer	belegte Betten
1	8.000	8.000	1.000	2.000	60	180
2	2.300	4.600	100	400	30	180
3	500	1.500	151	906	48	432
Σ	10.800	14.100	1.251	3.306	138	792

Die Summe aller belegten Betten beträgt

- 14.100 + 3.306 + 792 = 18.198

Da die Leistung für ein belegtes Zimmer (Bleibezimmer) nicht so hoch ist wie für ein neu zu belegendes Zimmer (Anreisezimmer), wird für jede Zimmerkategorie (EZ, DZ und Dreier-Zimmer) festgelegt, wie viel die Leistung in Std. beträgt.

Bettenzahl / Zimmer — Zimmer	EZ	DZ	3-Bett-Zimmer
Anreisezimmer	0,5 Std.	0,6 Std.	0,7 Std.
Bleibezimmer	0,2 Std.	0,25 Std.	0,25 Std.

Umrechnung:
0,2 Std. = 12 Min.
0,25 Std. = 15 Min.
0,5 Std. = 30 Min.
0,6 Std. = 36 Min.
0.7 Std. = 42 Min.

Um die gesamte Leistung zu berechnen, wird geplant, wie häufig

- Anreisezimmer und
- Bleibezimmer

bereitgestellt werden. Die Berechnung muss für Einzel-, Doppel- und 3-Bett-Zimmer separat erfolgen.

Berechnung für Einzelzimmer:

Anreisezimmer:

8.000 Gäste, die 1 Nacht buchen	=	8.000 Anreisezimmer
2.300 Gäste, die 2 Nächte buchen	=	2.300 Anreisezimmer
500 Gäste, die 3 Nächte buchen	=	500 Anreisezimmer
Summe der Anreisezimmer	=	10.800 Anreisezimmer

Bleibezimmer:

2.300 Gäste, die 2 Nächte buchen = 2.300 Bleibezimmer
500 Gäste, die 3 Nächte buchen = 1.000 Bleibezimmer

Die Anzahl der Anreise- und Bleibezimmer für Doppel- und Dreierzimmer errechnet sich analog.

Die Zahlen werden in der folgenden Tabelle in die Spalte „Anzahl der belegten Zimmer“ übernommen und mit den oben vorgegebenen Zeiten multipliziert. Das Ergebnis steht in der Spalte „Std.“

Bettenzahl / Zimmer — Zimmer	EZ		DZ		3-Bett-Zimmer	
	Anzahl belegte Zimmer	Std.	Anzahl belegte Zimmer	Std.	Anzahl belegte Zimmer	Std.
Anreisezimmer	10.800	5.400	1.251	750	138	97
Bleibezimmer (2 Nächte)	2.300	460	100	25	30	8
Bleibezimmer (3 Nächte)	1.000	200	302	76	96	24
$\sum$		6.060		851		129

Für die Leistungen der Übernachtung errechnet sich als Gesamtsumme

6.060 + 851 + 129 = 7.040 Std.

Zusätzlich findet einmal jährlich in allen Zimmern eine Grundreinigung mit folgenden Leistungszahlen statt.

EZ: 1,5 Std.
DZ: 1,8 Std.
3-Bett-Zimmer 2,0 Std.

Diese Zahlen sind mit der Anzahl der Zimmer zu multiplizieren

50 x 1,5 Std. = 75 Std.
8 x 1,8 Std. = 14 Std.
8 x 2,0 Std. = 16 Std.

Für die jährliche Grundreinigung errechnet sich als Gesamtsumme

75 + 14 + 16 = 105 Std.

Schließlich werden die Stunden für die Leistung „Übernachtung" und die Stunden für die jährliche Grundreinigung addiert.

	Std. für EZ	**Std. für DZ**	**Std. für 3-Bett-Zimmer**
Tägliche Reinigung	6.060	851	129
Grund-reinigung	75	14	16
$\sum$	6.135	865	145

Die Summe aller Std./Jahr betragen 6.135 + 865 + 145 = 7.145 Std.

Leistungen für die Bereitstellung von Seminarräumen

Das Beispiel-Tagungshaus hält sieben Seminarräume in unterschiedlicher Größe vor, die erfahrungsgemäß verschieden stark nachgefragt sind.

Die unten stehende Tabelle zeigt die geplante Auslastung

- nach Räumen mit den jeweiligen Grundflächen
- in Prozent und
- in jährlich genutzter Grundfläche.

Die m^2/Jahr berechnen sich mit der Formel

$$\frac{\text{Fläche in } m^2 \text{ x 365 Tage x Auslastung}}{100} = m^2/\text{Jahr}$$

z.B. für Raum 1:

$$\frac{30 \text{ x } 365 \text{ x } 70}{100} = 7.665 \text{ } m^2/\text{Jahr}$$

Raum	Fläche In m^2	Auslastung	
		in %	in m^2/Jahr
1	30	70	7.665
2	30	60	6.570
3	45	50	8.212
4	45	55	9.034
5	55	60	12.045
6	55	40	8.030
7	110	35	14.053
Σ			**65.609**

In den Seminarräumen werden pro Buchungstag folgende Leistungen erbracht:

- Reinigung der Seminarräume
- Stellen der Tische und Stühle
- Bereitstellung der Tagungsgetränke und -verpflegung
- Bereitstellung der Tagungstechnik

Für diese Leistungen werden 90 m^2/Std. zu Grunde gelegt.

So errechnet sich die gesamte Stundenleistung/Jahr für die Bereitstellung der Seminarräume aus

- 65.609 m^2 : 90 m^2/Std. = 729 Std.

Leistungen für die Reinigung der öffentlichen Räume
ohne Küche und Restaurant

Die Reinigungsleistung der öffentlichen Räume kann nach demselben Schema berechnet werden wie im Beispiel Alten- und Pflegeheim (s. S. 64).

Im Beispiel-Tagungshaus beträgt sie 1.650 Std.

Die 1.650 Std. können zu gleichen Teilen der Leistung

- für die Gästezimmer und
- für die Seminarräume

zugerechnet werden, da sie sowohl

- für Übernachtungsgäste als auch
- für Tagungsgäste ohne Übernachtung

erbracht werden.

- Gästezimmer: 7.145 Std. + 825 Std. = 7.970 Std.
- Seminarräume: 729 Std. + 825 Std. = 1.554 Std.

Leistungen für das Restaurant

Leistungen des Restaurants werden wie im Beispiel-Alten- und Pflegeheim in Beköstigungstagen (BKT) angegeben.

Die Kapazitäten der Küche und die Plätze im Restaurant des Beispiel-Tagungshauses sind für 130 Gäste ausgelegt.

Bei einer 100 % -igen Auslastung sind 130 x 365 = 47.450 BKT möglich.

Das Tagungshaus plant folgende Buchungen:

	Anzahl der geplanten Buchungen
Frühstück	18.200
Mittagessen	34.600
Abendessen	18.800
Seminarverpflegung vormittags	28.400
Seminarverpflegung nachmittags	24.400

In einem Tagungshaus werden, wie im Alten- und Pflegeheim, die Mahlzeiten mit einem Schlüssel für die prozentuale Aufteilung beziffert.

Da die Verpflegung nach Art und Umfang anderen Anforderungen unterliegt, geschieht dies jedoch mit anderen Gewichtungen als in der Altenpflege (s. S. 62).

Mahlzeit	**Anteil am BKT**
Frühstück	22 %
Mittagessen	36 %
Abendessen	24 %
Seminarverpflegung vormittags	8 %
Seminarverpflegung nachmittags	10 %
Σ	**100 %**

Die absoluten Zahlen der Einzelverpflegungsleistungen werden in BKT umgerechnet.

Dafür gilt die Formel:

$$\frac{\text{Anzahl der Einzelverpflegungsleistung x Anteil am BKT}}{100} = \text{Anzahl BKT}$$

z.B. Mittagessen: $\frac{34.600 \times 36}{100}$ = 12.456 BKT

	Anzahl der geplanten Buchungen	**Umrechnung in BKT**
Frühstück	18.200	4.004
Mittagessen	34.600	12.456
Abendessen	18.800	4.512
Seminarverpflegung vormittags	28.400	2.272
Seminarverpflegung nachmittags	24.400	2.440
Σ		**25.684**

Bei einer jährlich möglichen Kapazität von 47.450 BKT bedeutet dies eine Auslastung von 54 %.

$$\frac{25.684 \times 100}{47.450} = 54$$

Kosten planen

Für die Budgetplanung müssen die Kosten für die geplanten Leistungen ermittelt werden.

In „Betriebs- und Unternehmensführung“ Band 1 sind im Kapitel „Kostenmanagement“ die relevanten Kostenarten für die hauswirtschaftlichen Dienstleistungen aufgeführt.

Die Gesamtkosten einer Dienstleistung errechnen sich aus der Summe der Einzel- und der Gemeinkosten.

Einzelkosten
Entgelte
Nebenkosten zu den Entgelten
Fortbildungskosten
Arbeitskleidung
sonstige Sozialkosten
Lebensmittelkosten
Waschmittelkosten
Kosten für Reinigungs- und Desinfektionsmittel

Gemeinkosten
Personalkosten Hauswirtschaftsleitung
Kosten für Betriebsmittel
Kosten für Energie
Kosten für Wasser und Abwasser
Entsorgungskosten
Kosten für Reparatur und Instandhaltung
Kosten für Versicherungen
Kalkulatorische Kosten

Die Personalkosten für die Hauswirtschaftsleitung zählen nur dann zu den Gemeinkosten, wenn die Hauswirtschaft in verschiedene Kostenstellen unterteilt wird (Küche, Reinigung, Wäsche). Ist für die Hauswirtschaft nur eine Kostenstelle vorgesehen, gehören die Personalkosten der Leitung zu den Einzelkosten.

Für die Budgetplanung sind von Ihnen als Hauswirtschaftsleitung vor allem die Einzelkosten zu planen. Die Gemeinkosten werden üblicherweise von der Leitung bzw. vom Controlling ermittelt und nach einem festgelegten Schlüssel auf alle Kostenstellen der Einrichtung verteilt. Sie planen die

- Lebensmittelkosten
- Waschmittel- und Arbeitsmittelkosten
- Reinigungs- und Arbeitsmittelkosten.

Die einzelnen Planungsschritte werden hier exemplarisch für das Beispiel-Alten- und Pflegeheim dargestellt. Das Planungsprinzip lässt sich analog auf andere Arten von Einrichtungen übertragen.

Lebensmittelkosten

Für das Beispiel-Alten- und Pflegeheim sind 38.143 Belegungstage/Jahr zu Grunde gelegt (s. S. 61).

Die Hauswirtschaftsleitung plant aufgrund ihrer Erfahrung und mit den Zahlen des Vorjahres für Personalessen

- 3.000 Mittagessen
- 300 Abendessen.

Da das Haus im kommenden Jahr einen Mittagstisch für Senioren anbieten wird, plant sie dafür

- 5.000 Mittagessen.

Die Öffnungszeiten der Cafeteria werden erweitert und sie rechnet im kommenden Jahr mit mehr Gästen - Angehörige und weitere Besucher:

- 150 Frühstück
- 800 Mittagessen
- 2.400 Zwischenmahlzeiten am Nachmittag (Kaffee und Kuchen)
- 800 Abendessen

Die Summe der Personal- und Gästeessen:

- 150 Frühstück
- 8.800 Mittagessen
- 2.400 Kaffee und Kuchen
- 1.100 Abendessen

Die Umrechnung der Personal- und Gästeessen in BKT erfolgt wiederum gemäß der bekannten Formel (s. S. 62)

$$\frac{150 \times 20}{100} = 30 \text{ BKT} \quad \text{für das Frühstück, usw.}$$

Anzahl	Mahlzeit	Anteil am BKT	BKT
150	Frühstück	20 %	30
8.800	Mittagessen	38 %	3.344
2.400	Kaffee und Kuchen	8 %	192
1.100	Abendessen	25 %	275
Σ			**3.841**

Summe aller BKT (Bewohner, Personal und Gäste):

〉 38.143 BKT + 3.841 BKT = 41.984 BKT

Im letzten Jahr betrug das Lebensmittelbudget für 1 BKT 4,52 €. Bei einer Preissteigerung von 2 % steigt es für das kommende Jahr auf

〉 4,52 € + 0,09 € = 4,61 €

Das Lebensmitteljahresbudget beträgt

〉 41.984 x 4,61 € = 193.546,24 €

Für die Budgetplanung werden in dem Beispiel-Alten- und Pflegeheim die ermittelten Kosten auf volle 100-er nach oben gerundet, das Lebensmittelbudget also auf 193.600 €.

Waschmittel- und Arbeitsmittelkosten

Das Beispiel-Alten- und Pflegeheim hat bei 38.143 Belegungstagen ein Wäscheaufkommen von 57.162 kg (s. S. 63). Die Hauswirtschaftsleitung rechnet mit einem 4 %-igen Rückgang des Wäscheaufkommens, da immer mehr Bewohner bettlägerig sind und weniger Kleidung tragen. Sie plant das Wäschevolumen für das kommenden Jahr mit

〉 57.162 kg - 2.286 kg = 54.876 kg/Jahr

Das Budget für Wasch- und Arbeitsmittel betrug im letzten Jahr 8.238 € bzw. 0,144 €/kg Wäsche. Für das kommende Jahr berechnen sich

〉 54.876 kg x 0,144 €/kg = 7.902 €

Auch hier rechnet die Hauswirtschaftsleitung mit einer Preissteigerung von 2 %, sodass das Jahresbudget lautet:

〉 7.902 € + 158 € = 8.060 €

Für die Budgetplanung wird die Summe auf 8.100 € gerundet.

Reinigungs- und Arbeitsmittelkosten

Bei der Reinigung sind keine Veränderungen geplant, es wird lediglich die Preissteigerung von 2 % eingeplant. Das Budget für Reinigungs- und Arbeitsmittel betrug im letzten Jahr 19.400 €. Für das kommende Jahr berechnen sich

〉 19.400 € + 388 € = 19.788 €

Für die Budgetplanung wird die Summe auf 19.800 € gerundet.

Personalkosten

Für die Berechnung des Personalbudgets sind vier Schritte notwendig:

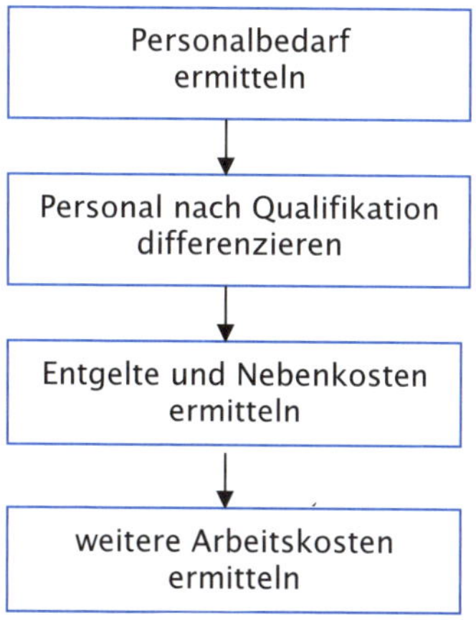

Schritt 1: Personalbedarf ermitteln

Zur Ermittlung des Personalbedarfs sind zwei Wege möglich:

- Ermittlung über einen Stellenschlüssel
- Ermittlung über Leistungsbewertung

Ermittlung über Stellenschlüssel

In der Altenhilfe gibt es keine bundesweit einheitlichen, verbindlichen Stellenschlüssel, sodass im Beispiel von durchschnittlichen Werten ausgegangen wird, die aus der Beratungspraxis und der Literatur stammen.

Stellenschlüssel im Beispiel-Alten- und Pflegeheim

Bereich	Stellenschlüssel
Küche	1 : 15,0
Wäsche	1 : 38,5
Reinigung	1 : 17,5
Hauswirtschaftsleitung	1 : 200,0

Bei 110 Plätzen und einer 95 %-igen Auslastung beträgt die durchschnittliche Belegung 104,5 Bewohner/Tag. Diese Zahl bildet die Grundlage zur Berechnung der Vollzeitkräfte (VZK).

Mit der Formel $\frac{104{,}5}{15{,}0} = 6{,}97$ VZK

wird der Personalbedarf für die Verpflegung errechnet; die Berechnung der anderen Bereiche erfolgt analog.

So errechnet sich im Beispiel-Alten- und Pflegeheim folgender Personalbedarf:

Bereich	Personalbedarf
Küche	6,97 VZK
Wäsche	2,71 VZK
Reinigung	5,97 VZK
Hauswirtschaftsleitung	0,52 VZK
Σ	**16,17 VZK**

Ermittlung über Leistungsbewertung

Hier werden die Leistungen der Verpflegung, Wäscheversorgung und Reinigung mit dem notwendigen Stundenaufwand bewertet. Die ermittelten Stunden werden anschließend in Vollzeitkräfte (VZK) umgerechnet.

Personalbedarf Verpflegung

Das errechnete Leistungsvolumen für die Verpflegung der Bewohner beträgt 38.143 BKT/Jahr (s. S. 62). Der wöchentliche Netto-Zeitbedarf für die Verpflegung von durchschnittlich 104,5 Bewohnern beträgt im Beispiel-Alten- und Pflegeheim

- werktags 32 Std., also 6 x 32 Std. = 192 Std.
- sonntags 24 Std., also 1 x 24 Std. = 24 Std.

Dies sind wöchentlich 216 Std. (Personalbedarfsrechnung s. „Betriebs- und Unternehmensführung“ Band 1, Kap. „Personalmanagement“). Das entspricht einem wöchentlichen Brutto-Zeitbedarf von

- 216 Std. + 23 % von 216 Std. = 216 + 49,68 Std. = 265,68 Std.

Bei einer 38,5 Std.-Woche sind dies 6,9 VZK.

Personalbedarf Wäsche

Das errechnete Leistungsvolumen für den Wäscheservice des Beispiel-Alten- und Pflegeheims beträgt 54.876 kg/Jahr (s. S. 76) und 7.280 Kennzeichnungen/Jahr (s. S. 63).

Für die Bearbeitung der Wäsche werden 0,08 Std./kg Wäsche angesetzt, sodass sich für das Gesamtvolumen der Wäsche

〉 54.876 kg/Jahr x 0,08 Std./kg Wäsche = 4.390 Std./Jahr

errechnen.

Für die Kennzeichnung der Wäsche wird 0,5 Min./Kennzeichnung angesetzt, sodass sich für die gesamte jährliche Kennzeichnung ein Nettozeitbedarf von

〉 7.280 x 0,5 Min. = 3.640 Min. bzw. 60 Std. ergibt.

Die Netto-Arbeitszeit/Jahr für Wäschepflege und Kennzeichnung beträgt

〉 4.390 Std. + 60 Std. = 4.450 Std.

Daraus errechnet sich die Netto-Arbeitszeit/Woche:

〉 4.450 Std./Jahr : 52,14 Wochen/Jahr = 85,35 Std. /Woche

Das entspricht einem wöchentlichen Brutto-Zeitbedarf von

〉 85,35 Std. + 23 % von 85,35 Std.
= 85,35 Std. + 19,6 Std. = 105 Std.

Bei einer 38,5 Std.-Woche sind dies 2,73 VZK.

Personalbedarf Reinigung

Das errechnete Leistungsvolumen für die Reinigung des Beispiel-Alten- und Pflegeheims beträgt 9.710 Std./Jahr (s. S. 64).

Das ergibt eine Netto-Arbeitszeit/Woche von

〉 9.710 Std. /Jahr : 52,14 Wochen/Jahr = 186,23 Std./Woche

Das entspricht einem wöchentlichen Brutto-Zeitbedarf von

〉 186,23 Std. + 23 % von 186,23 Std.
= 186,23 + 42,83 Std. = 229,06 Std.

Bei einer 38,5 Std.-Woche sind dies 5,95 VZK.

Personalbedarf Hauswirtschaftsleitung

Bei der Berechnung des Personalbedarfs für die Hauswirtschaftsleitung ist der Weg über die Leistungsbewertung sehr aufwändig. Deshalb verwendet man in der Praxis fast ausschließlich die Methode über den Stellenschlüssel.

Zusammenfassung des Personalbedarfs

Ein Vergleich der

- Ermittlung über einen Stellenschlüssel mit der
- Ermittlung über Leistungsbewertung

zeigt nur geringe Differenzen:

Bereich	Personalbedarf	
	über Stellenschlüssel ermittelt	über Leistungsbewertung ermittelt
Küche	6,97 VZK	6,90 VZK
Wäsche	2,71 VZK	2,73 VZK
Reinigung	5,97 VZK	5,95 VZK
Hauswirtschaftsleitung	0,52 VZK	0,52 VZK
Σ	**16,17 VZK**	**16,10 VZK**

In der weiteren Darstellung wird mit den Zahlen des Stellenschlüssels gearbeitet.

Bei beiden Berechnungswegen wurde bis hierher lediglich der Personalbedarf für die hauswirtschaftliche Versorgung und Betreuung der Bewohner ermittelt. Da im Beispiel-Alten- und Pflegeheim Verpflegung auch an Dritte abgegeben wird, entsteht in der Küche weiterer Personalbedarf.

Der Personalbedarf für die Verpflegung von Dritten ist auf 3.841 BKT beziffert (s. S. 75). Auch für diese Beköstigungstage müssen die benötigten Vollzeitkräfte berechnet werden. Das geschieht mit Hilfe des Dreisatzes.

Für 38.143 BKT werden 6,97 VZK benötigt. Für 3.841 BKT ergeben sich

$$\frac{6{,}97 \text{ VZK} \times 3.841}{38.143} = 0{,}7 \text{ VZK}$$

Ob die 0,7 VZK tatsächlich in voller Höhe berücksichtigt werden, hängt davon ab, ob das Alten- und Pflegeheim mit einer Voll- oder Teilkostenrechnung kalkuliert. Ausführungen zur Teilkostenrechnung und zum Deckungsbeitrag s. Kapitel „Kostenmanagement“ in „Betriebs- und Unternehmensführung“ Band 1.

Die Beispiel-Einrichtung entscheidet sich, die Hälfte des zusätzlichen Personalbedarfs, also 0,35 VZK einzusetzen.

Für die Küche errechnet sich somit ein Personalbedarf von

〉 6,97 VZK + 0,35 VZK = 7,32 VZK

und für die gesamte Abteilung Hauswirtschaft ein Personalbedarf von

〉 16,17 VZK + 0,35 VZK = 16,52 VZK.

Schritt 2: Personal nach Qualifikation differenzieren

Der errechnete Bedarf von 16,52 VZK lässt noch keine Aussage über die Personalkosten zu. Dazu muss noch ermittelt werden, wie viele Fachkräfte und wie viele angelernte Kräfte in den einzelnen Bereichen eingesetzt werden und wie hoch ihr jeweiliges Entgelt ist.

Das Beispiel-Alten- und Pflegeheim nimmt dabei einen geringen Austausch an VZK zwischen den einzelnen Bereichen vor. Die Gesamtsumme von 16,52 VZK bleibt jedoch erhalten.

Bereich	Qualifikation	Umfang	VZK
Küche	1 HBL 1 Hauswirtschafterin 1 Hauswirtschafterin 9 angelernte Mitarbeiterinnen 1 angelernte Mitarbeiterin 1 angelernte Mitarbeiterin	100 % 82 % 50 % 50 % 25 % 20 %	7,27
Wäsche	1 angelernte Mitarbeiterin 4 angelernte Mitarbeiterinnen	75 % 50 %	2,75
Reinigung	1 Hauswirtschafterin 10 angelernte Mitarbeiterinnen	100 % 50 %	6,00
Hauswirtschaftsleitung	1 HWL	50 %	0,50
Σ			**16,52**

Schritt 3: Entgelt und Nebenkosten ermitteln

Das Entgelt setzt sich zusammen aus

- dem tariflich vereinbarten Entgelt
- den Sonn- und Feiertagszuschlägen
- den Überstundenzuschlägen
- dem Urlaubs- und Weihnachtsgeld
- dem Anteil des Arbeitgebers an vermögensbildenden Leistungen

Je nach tariflicher Vereinbarung können die Beträge in verschiedenen Einrichtungen weit auseinander liegen. Das monatliche Entgelt des Beispiel-Alten- und Pflegeheims ist in der folgenden Tabelle dargestellt.

Anzahl	Qualifikation	Umfang	Entgelt	Summe
1	HBL	100 %	2.800 €	
1	Hauswirtschafterin	82 %	1.600 €	
1	Hauswirtschafterin	50 %	950 €	
9	angelernte Mitarbeiterinnen	50 %	6.600 €	
1	angelernte Mitarbeiterin	25 %	360 €	
1	angelernte Mitarbeiterin	20 %	290 €	12.600 €
1	angelernte Mitarbeiterin	75 %	1.100 €	
4	angelernte Mitarbeiterinnen	50 %	2.800 €	3.900 €
1	Hauswirtschafterin	100 %	1.900 €	
10	angelernte Mitarbeiterinnen	50 %	7.200 €	9.100 €
1	HBL	50 %	1.400 €	1.400 €
	Σ			**27.000 €**

Das jährliche Brutto-Entgelt der Mitarbeiter beträgt (ohne Weihnachts- und Urlaubsgeld)

- 27.000 €/Monat x 12 Monate = 324.000/Jahr

Dem Arbeitgeber (AG) entstehen zusätzlich folgende Nebenkosten:

- AG-Anteil Rentenversicherung
- AG-Anteil Krankenversicherung
- AG-Anteil Pflegeversicherung
- AG-Anteil Arbeitslosenversicherung
- Unfallversicherung
- Zusatzversicherung/Betriebsrente

Dies macht einen Zuschlag von ca. 24 % aus, also 77.760 €/Jahr.

Schritt 4: Weitere Arbeitskosten ermitteln

Neben dem Entgelt für seine Mitarbeiter trägt der Arbeitgeber weitere Arbeitskosten:

- Kosten für Arbeitsschutz (z.B. Schutzkleidung)
- Kosten für Mitarbeiterqualifizierung
- Kosten für Personalbeschaffung (z.B. Annoncen)
- Sozialkosten (z.B. Betriebsausflug, Betriebssportgruppe, Betriebsfeier, Betriebskindergarten)

Die beiden letzten Positionen werden nicht von der Hauswirtschaft geplant, wohl aber die hauswirtschaftsbezogene Schutz- oder Arbeitskleidung und die Qualifizierungsmaßnahmen (Fortbildungsbudget).

Kosten für Schutz- und Arbeitskleidung

Im Beispiel-Alten- und Pflegeheim wird nicht nur die gesetzlich vorgeschriebene Schutzkleidung, sondern auch die Arbeitskleidung vom Arbeitgeber gestellt. Dies sind:

- Hosen und Kasack
- Arbeitsschuhe
- Handschuhe

Jeder Mitarbeiter benötigt als Ersatzbeschaffung

- pro Jahr 2 Kasacks und 2 Hosen
- alle 2 Jahre 1 Paar Arbeitsschuhe

Bei 30 Mitarbeitern sind dies

- 60 Kasacks
- 60 Hosen
- 15 Paar Schuhe.

Außerdem benötigen die Küchenmitarbeiter

- pro Jahr 1 Gefrierhaus-Schutzkleidung
- pro Jahr 22.000 Einmalhandschuhe,

die Mitarbeiter der Wäscherei

- pro Jahr 5.000 Einmalhandschuhe,

die Mitarbeiter der Reinigung

- pro Jahr 1.000 Paar Arbeitshandschuhe.

Anzahl	Art der Schutz-kleidung	Einzelpreis	Gesamtpreis
60	Kasack	22,00 €	1.320 €
60	Hosen	23,00 €	1.380 €
15	Paar Arbeitsschuhe	25,00 €	375 €
1	TK-Schutz-Anorak	75,00 €	75 €
27.000	Einmalhandschuhe	50,00 €/ 1.000 Stück	1.350 €
1.000	Arbeitshandschuhe	1,40 €	1.400 €
Σ			**5.900 €**

Fortbildungsbudget

Um das Fortbildungsbudget zu erstellen, müssen zunächst die notwendigen Maßnahmen geplant werden. Die Hauswirtschaftsleitung legt mit ihrem Team fest,

- wer
- zu welchem Thema
- mit welcher Dauer
- intern oder extern

im kommenden Jahr geschult wird. Dies kann nur eine Grobplanung sein, da konkrete Programme von Bildungsanbietern meist erst nach Abschluss der Budgetplanung vorliegen. Eine Richtschnur für die Planung bilden die Vorjahrespreise der Seminaranbieter. Für die Budgetplanung ist noch keine vollständige namentliche Benennung notwendig. Die Planung für das kommende Jahr im Beispiel-Alten- und Pflegeheim sieht so aus:

Küche

- 4 halbtägige Inhouse-Schulungen für alle Mitarbeiter
- 4 externe Tagesseminare für 4 Mitarbeiter
- 1 externes zweitägiges Seminar für die Küchenleitung

Reinigung und Wäscherei

- 4 halbtägige Inhouse-Schulungen für alle Mitarbeiter
- 1 externes Tagesseminar für die Hauswirtschafterin

Hauswirtschaftsleitung

- 1 externes zweitägiges Seminar
- 1 externes Tagesseminar

Die Kosten für Inhouse-Schulungen setzen sich zusammen aus

- Referentenhonorar
- Fahrtkosten des Referenten
- Eventuell Übernachtungskosten des Referenten
- Raumkosten für das Seminar
- Verpflegungskosten für Teilnehmer und Referenten

Die Kosten für externe Maßnahmen setzen sich zusammen aus

- Seminargebühren
- Verpflegungskosten des Mitarbeiters
- Fahrtkosten des Mitarbeiters
- Eventuell Übernachtungskosten des Mitarbeiters

Die Ausfallzeiten der Mitarbeiter für die Dauer der Qualifizierungsmaßnahmen werden an dieser Stelle nicht berechnet. Sie sind schon in der Personalbedarfsrechnung berücksichtigt (s. „Betriebs- und Unternehmensführung“ Band 1 Kap. „Personalmanagement“).

Anzahl	Qualifizierung	Kosten pro Veranstaltung	Gesamtkosten
8	halbtägige Inhouse-Schulungen	580 €	4.640 €
5	Tagesseminare, extern	215 €	1.075 €
2	zweitägige Seminare, extern	550 €	1.100 €
1	Tagesseminar, extern	360 €	360 €
Σ			**7.175 €**

Summe der Personalkosten

Brutto-Entgelt	324.000 €
Nebenkosten	77.760 €
Arbeits- und Schutzkleidung	5.900 €
Fortbildung	7.175 €
Summe	414.835 €

Für die Budgetplanung wird die Summe auf 414.900 € gerundet.

Zusammenfassung der Teilbudgets

Teilbudget	Betrag	prozentualer Anteil am Gesamtbudget
Lebensmittelbudget	193.600 €	30,42 %
Wasch- und Arbeitsmittelbudget	8.100 €	1,27 %
Reinigungs- und Arbeitsmittelbudget	19.800 €	3,11 %
Personalbudget	414.900 €	65,20 %
Σ	**636.400 €**	**100,00 %**

Anmerkung: Die Budgetplanung stellt keine Kostenrechnung dar! In der Budgetplanung werden lediglich die Einzelkosten geplant, die Gemeinkosten inklusive der kalkulatorischen Kosten werden zentral vom Controller ermittelt.

Erlöse planen

In stationären Einrichtungen (Alten-, Kranken-, Behinderten-, Jugendhilfe u.a.) fällt die Erlösplanung nicht in den Aufgabenbereich der Hauswirtschaftsleitung. Erlöse sind dort im Wesentlichen die Pflegesätze, die von den jeweiligen Sozialkassen und Trägerverbänden ausgehandelt werden und die Entgelte, die die Kunden vertraglich geregelt entrichten. Diese Erlöse zu planen gehört zu den Aufgaben der Controller.

Die Planung der Erlöse von extern verkauften Leistungen in stationären Einrichtungen, z.B. Gästeessen, Vermietung von Seminarräumen, Verpflegung einer Kindertagesstätte können jedoch in Ihren Aufgabenbereich als Hauswirtschaftsleitung fallen.

Die Erlösplanung wird hier am Beispiel-Tagungshaus erläutert.

Erlöse Übernachtungen

Das Beispiel-Tagungshaus plant für das kommende Jahr (s. S. 67)

- 14.100 belegte Betten in Einzelzimmern
- 3.306 belegte Betten in Doppelzimmern
- 792 belegte Betten in Drei-Bett-Zimmern

Das Tagungshaus arbeitet mit zwei Preiskategorien

- kirchliche Gruppen
- nicht-kirchliche Gruppen

Zimmer-kategorie	Preise pro Person und Tag für	
	kirchliche Gruppen	nicht-kirchliche Gruppen
Einzelzimmer	45,00 €	55,00 €
Doppelzimmer	36,00 €	44,00 €
3-Bett-Zimmer	28,00 €	36,00 €

Für die Erlösplanung wird angenommen:

- 60 % der Einzelzimmer sollen an kirchliche Gruppen, 40 % an nicht-kirchliche vermietet werden.
- 80 % der Doppelzimmer sollen an kirchliche Gruppen, 20 % an nicht-kirchliche vermietet werden.
- 80 % der Dreibettzimmer sollen an kirchliche Gruppen, 20 % an nicht-kirchliche vermietet werden.

Anzahl der gebuchten Betten nach Preiskategorien

Zimmer-kategorie	Buchungen von	
	kirchlichen Gruppen	nicht-kirchlichen Gruppen
Einzelzimmer	8.460	5.640
Doppelzimmer	2.644	662
3-Bett-Zimmer	633	159

Um die Erlöse aller geplanten Buchungen zu ermitteln, wird für kirchliche und nicht-kirchliche Gruppen die Anzahl mit dem jeweiligen Preis multipliziert.

In der folgenden Tabelle ist die Summe aller Erlöse für die Übernachtungen dargestellt.

Zimmer-kategorie	Buchungen von		
	kirchlichen Gruppen	nicht-kirchlichen Gruppen	Summe
Einzelzimmer	380.700 €	310.200 €	690.900 €
Doppelzimmer	95.184 €	29.128 €	124.312 €
3-Bett-Zimmer	17.724 €	5.724 €	23.448 €
Σ	493.608 €	345.052 €	**838.660 €**

Für die Budgetplanung werden in dem Beispiel-Tagungshaus die ermittelten Erlöse auf volle 1000-er nach unten gerundet, die Erlöse der Verpflegung also auf 838.000 €.

Erlöse Tagungsräume

Die prozentuale Auslastung der Seminarräume (s. S. 70) muss zunächst umgerechnet werden in die Anzahl der Buchungen pro Seminarraum.

Für Raum 1 errechnen sich

- 70 % von 365 möglichen Buchungen = 256 Buchungen

Räume 2 bis 7 werden analog berechnet. So ergeben sich für die Seminarräume folgende Buchungszahlen, wobei die Aufteilung zwischen kirchlichen und nicht-kirchlichen Gruppen 60:40 beträgt:

Seminar-raum	Summe der Buchungen	kirchliche Gruppen (60 %)	nicht-kirchliche Gruppen (40%)
1	256	154	102
2	219	131	88
3	183	110	73
4	200	120	80
5	219	131	88
6	146	88	58
7	128	77	51

Die Preise für die Buchung der Seminarräume zeigt folgende Tabelle:

Seminar-raum	kirchliche Gruppen	nicht-kirchliche Gruppen
1	50,00 €	70,00 €
2	50,00 €	70,00 €
3	85,00 €	110,00 €
4	85,00 €	110,00 €
5	100,00 €	130,00 €
6	100,00 €	130,00 €
7	220,00 €	260,00 €

Erlöse aller geplanten Buchungen

Seminar-raum	Buchungen von		
	kirchlichen Gruppen	nicht-kirchlichen Gruppen	Summe
1	7.700 €	7.140 €	14.840 €
2	6.550 €	6.160 €	12.710 €
3	9.350 €	8.030 €	17.380 €
4	10.200 €	8.800 €	19.000 €
5	13.100 €	11.440 €	24.540 €
6	8.800 €	7.540 €	16.340 €
7	16.940 €	13.260 €	30.200 €
Σ	72.640 €	62.370 €	**135.010 €**

Für die Budgetplanung wird die Summe auf 135.000 € gerundet.

Erlöse Restaurant

Auf dieselbe Weise werden die Erlöse für die Mahlzeiten geplant.

Dazu wird auf die Buchungszahlen von S. 73 zurückgegriffen. Das Verhältnis kirchlich zu nicht-kirchlich beträgt auch hier 60:40.

Erlöse aller geplanten Mahlzeiten

Mahlzeit	**Buchungen**		**Preise in €**		**Erlöse in €**		**Summe Erlöse in €**
	kirchlich	nicht kirchlich	kirchlich	nicht kirchlich	kirchlich	nicht kirchlich	
Frühstück	10.920	7.280	6,00	7,40	65.520	53.872	119.392
Mittagessen	20.760	13.840	9,50	13,00	197.220	179.920	377.140
Abendessen	11.280	7.520	6,50	8,50	73.320	63.920	137.240
Sem.verpfl. vormittags	17.040	11.360	2,30	2,90	39.192	32.944	72.136
Sem.verpfl. nachmittags	14.640	9.760	2,70	3,60	39.528	35.136	74.664
Σ	74.640	49.760			414.780	365.792	**780.572**

Für die Budgetplanung wird die Summe auf 780.000 € gerundet.

Budget erstellen

Zum Abschluss der Budgetplanung werden die Aufwendungen und Erlöse in einer Tabelle übersichtlich aufgelistet.

Im Beispiel-Tagungshaus ermittelt der Controller die „Sonstigen Aufwendungen“ und unterstützt die Hauswirtschaftsleitung bei der Ermittlung der Personalkosten.

Die Höhe der Aufwendungen und die der Erlöse stimmen in der Budgetplanung von Non-Profit-Unternehmen überein.

Anmerkung: Gewinnorientierte Unternehmen lehnen die Gliederung ihres Budgets an die Gewinn- und Verlustrechnung an (s. „Betriebs- und Unternehmensführung“ Band 2, Kap. „Existenzgründung“) und berücksichtigen somit auch die zu erwartenden Steuern und das Ergebnis.

Zusammenfassung des Budgets

Aufwendungen

	in €	In %
Wareneinsatz	410.000	23
Personalkosten	865.000	50
Sonstige Kosten	478.000	27
Σ	**1.753.000**	**100**

Erlöse

	in €	In %
Übernachtungen	838.000	47
Tagungsräume	135.000	8
Verpflegung	780.000	45
Σ	**1.753.000**	**100**

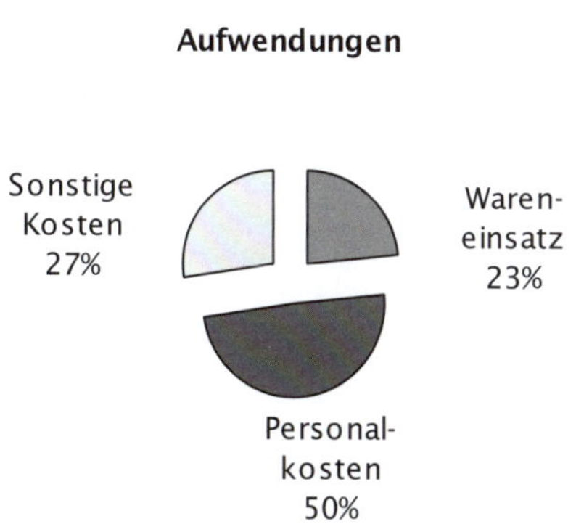

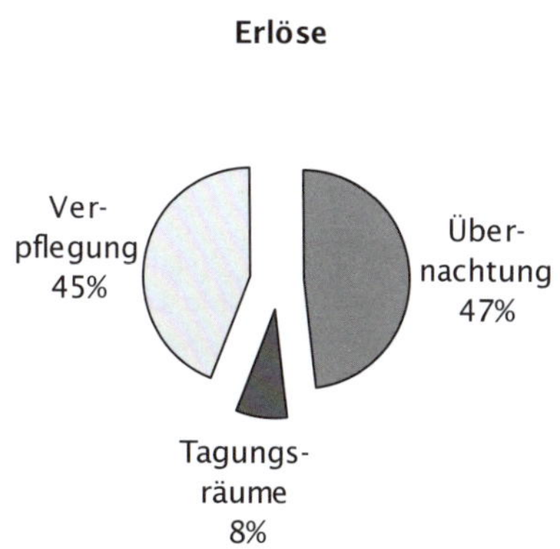

Warenbeschaffung und Investitionen

Wenn ein Unternehmen hauswirtschaftliche Dienstleistungen erbringt oder hauswirtschaftliche Produkte herstellt, benötigt es dazu verschiedene Güter. Güter werden nach der Nutzungsdauer unterteilt:

- kurze Nutzungsdauer, d.h. schneller Verbrauch
- lange Nutzungsdauer, d.h. langer Gebrauch

Beim Kauf von Gütern unterscheidet man dementsprechend die beiden Kategorien

- Warenbeschaffung: Kauf von Gütern mit kurzer Nutzungsdauer
- Investition: Kauf von Gütern mit langer Nutzungsdauer

Warenbeschaffung

Waren - produzierende Betriebe sprechen von Werkstoffen - lassen sich in drei Kategorien einteilen:

- Rohstoffe
- Hilfsstoffe
- Betriebsstoffe.

Rohstoffe sind der Hauptbestandteil, der in die Produktion oder Dienstleistung einfließt.

Hilfsstoffe sind zwar auch Komponenten, die für die Herstellung von Produkten oder die Erbringung von Dienstleistungen benötigt werden, aber ihr Bedarf ist so gering, dass sie die Kosten für das Produkt oder die Dienstleistung nur wenig beeinflussen.

Betriebsstoffe sind nicht im Produkt enthalten, sondern werden benötigt, damit das Produkt oder die Dienstleistung erstellt werden können.

Beispiele für Roh-, Hilfs- und Betriebsstoffe

Waren	Küche	Reinigung	Wäscherei
Rohstoffe	Fleisch Molkereiprodukte Obst und Gemüse Getreideprodukte	Reinigungs- und Desinfektionsmittel Wischbezüge	Wasch- und Desinfektionsmittel
Hilfsstoffe	Gewürze	Schutzhandschuhe	Patch-Etiketten
Betriebsstoffe	Strom, Wasser, Gas		

Als Hauswirtschaftsleitung sind Sie verantwortlich für die Beschaffung der Roh- und Hilfsstoffe.

Für eine rationelle Planung der Beschaffung sind drei Einflussfaktoren relevant:

- Art, Menge und Preise der benötigten Waren
- Bestellzeitpunkt und -menge
- Lieferantenauswahl

ABC-Analyse

Mit der ABC-Analyse können Sie untersuchen,

- welche Waren
- in welchen Mengen
- zu welchem Preis
- in welchem Verhältnis

für die hauswirtschaftliche Versorgung benötigt werden. Nach einer Analyse wissen Sie,

- bei welchen Waren eine ständige Preisbeobachtung und -analyse erforderlich ist
- bei welchen Waren ein Preisvergleich weniger notwendig ist
- bei welchen Waren sich ein aufwändiger Preisvergleich nicht lohnt.

Für die ABC-Analyse sind drei Schritte notwendig.

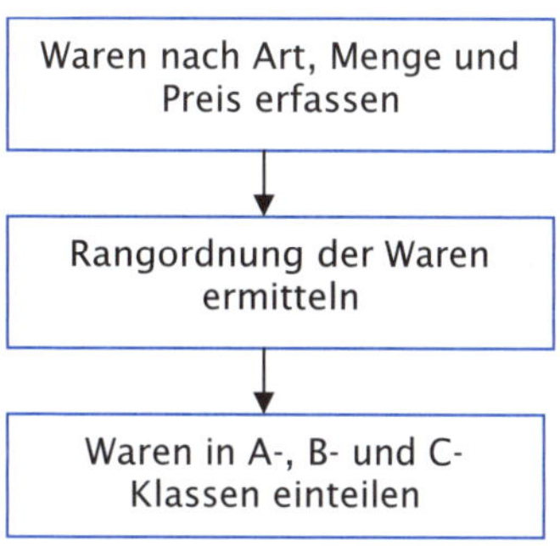

Mit der ABC-Analyse planen Sie den zukünftigen wirtschaftlichen Einkauf, müssen dazu aber auf Zahlen aus der Vergangenheit zurückgreifen. In der Regel analysiert man einen Zeitraum von einem Jahr, eine Analyse über ein Quartal kann aber auch schon sinnvoll sein; nur eine Monatsanalyse ist zu wenig aussagefähig, da über einen so kurzen Zeitraum keine allgemeingültigen Werte ermittelt werden können. Die ABC-Analyse wird hier am Beispiel „Warenbeschaffung für Reinigung und Hygiene" dargestellt.

Schritt 1: Waren nach Art, Menge und Preis erfassen

Aus den Rechnungen der letzten 12 Monate erstellen Sie eine Übersicht, in der Sie alle Artikel nach

- Preis pro Einheit und
- Menge pro Jahr

aufzeichnen.

Artikel	Preis/Einheit in €	Menge/Jahr in Gebinde
Wischpflege	50,88	12
Universalreiniger	36,12	40
Sanitärreiniger	60,12	23
Grundreiniger	66,51	4
Flächendesinfektion	181,26	4
Waschlotion	84,23	8
Händedesinfektion	22,23	120
Hautschutzcreme	110,67	6
Convektomatenreiniger	73,14	6
Fettlöser	72,23	6
Maschinenspülmittel	135,70	6
Handspülmittel	25,21	12
Kalklöser	47,22	1
Klarspüler	85,21	14
Papierhandtücher	25,25	12
Toilettenpapier	19,21	50
Handschuhe	2,55	292
Müllbeutel	0,88	332
Abfallsack	2,52	292

Der Preis pro Einheit wird mit den Mengen pro Jahr multipliziert. So errechnen Sie für alle Artikel den Jahresverbrauch in €.

Artikel	Preis/Einheit in €	Menge/Jahr in Gebinde	Jahresverbrauch in €
Wischpflege	50,88	12	610,56
Universalreiniger	36,12	40	1.444,80
Sanitärreiniger	60,12	23	1.382,76
Grundreiniger	66,51	4	266,04
Flächendesinfektion	181,26	4	725,04
Waschlotion	84,23	8	673,84
Händedesinfektion	22,23	120	2.667,60
Hautschutzcreme	110,67	6	664,02
Convektomatenreiniger	73,14	6	438,84
Fettlöser	72,23	6	433,38
Maschinenspülmittel	135,70	6	814,20
Handspülmittel	25,21	12	302,52
Kalklöser	47,22	1	47,22
Klarspüler	85,21	14	1.192,94
Papierhandtücher	25,25	12	303,00
Toilettenpapier	19,21	50	960,50
Handschuhe	2,55	292	744,60
Müllbeutel	0,88	332	292,16
Abfallsack	2,52	292	735,84
Σ			**14.699,86**

Die gesamten Kosten für alle Waren im Bereich „Reinigung und Hygiene“ betrugen im zurückliegenden Jahr 14.699,86 €.

Schritt 2: Rangordnung der Waren ermitteln

Für die Analyse ist nun interessant, welcher Artikel den höchsten Verbrauchswert in € ausweist, welcher den zweithöchsten, usw. Die Jahresverbrauchswerte in € zeigen folgende Rangordnung:

Rang	Artikel	Preis/Einheit in €	Menge/Jahr in Gebinde	Jahresverbrauch in €
1	Händedesinfektion	22,23	120	2.667,60
2	Universalreiniger	36,12	40	1.444,80
3	Sanitärreiniger	60,12	23	1.382,76
4	Klarspüler	85,21	14	1.192,94
5	Toilettenpapier	19,21	50	960,50
6	Maschinenspülmittel	135,70	6	814,20
7	Handschuhe	2,55	292	744,60
8	Abfallsack	2,52	292	735,84
9	Flächendesinfektion	181,26	4	725,04
10	Waschlotion	84,23	8	673,84
11	Hautschutzcreme	110,67	6	664,02
12	Wischpflege	50,88	12	610,56
13	Convektomatenreiniger	73,14	6	438,84
14	Fettlöser	72,23	6	433,38
15	Papierhandtücher	25,25	12	303,00
16	Handspülmittel	25,21	12	302,52
17	Müllbeutel	0,88	332	292,16
18	Grundreiniger	66,51	4	266,04
19	Kalklöser	47,22	1	47,22
	Σ			**14.699,86**

Damit die Rangordnung deutlicher wird, wird der prozentuale Anteil jedes Artikels am Gesamtverbrauch errechnet. Den Bezugspunkt mit 100 % bildet der Gesamtverbrauch von 14.699,86 €. Die jeweiligen Anteile lassen sich mit Hilfe des Dreisatzes ermitteln.

Rang	Artikel	Preis/ Einheit In €	Menge/ Jahr in Gebinde	Jahres-Verbrauch in €	Anteil in %	Klassen in %
1	Händedesinfektion	22,23	120	2.667,60	18,15	A 57,58
2	Universalreiniger	36,12	40	1.444,80	9,83	
3	Sanitärreiniger	60,12	23	1.382,76	9,41	
4	Klarspüler	85,21	14	1.192,94	8,12	
5	Toilettenpapier	19,21	50	960,50	6,53	
6	Maschinenspülmittel	135,70	6	814,20	5,54	
7	Handschuhe	2,55	292	744,60	5,06	B 34,18
8	Abfallsack	2,52	292	735,84	5,00	
9	Flächendesinfektion	181,26	4	725,04	4,93	
10	Waschlotion	84,23	8	673,84	4,58	
11	Hautschutzcreme	110,67	6	664,02	4,52	
12	Wischpflege	50,88	12	610,56	4,15	
13	Convektomatenreiniger	73,14	6	438,84	2,99	
14	Fettlöser	72,23	6	433,38	2,95	
15	Papierhandtücher	25,25	12	303,00	2,06	C 8,24
16	Handspülmittel	25,21	12	302,52	2,06	
17	Müllbeutel	0,88	332	292,16	1,99	
18	Grundreiniger	66,51	4	266,04	1,81	
19	Kalklöser	47,22	1	47,22	0,32	
	Σ			**14.699,86**	**100,00**	**100,00**

Schritt 3: Waren in A-, B- und C-Klassen einteilen

Die Artikel mit den

- höchsten Prozentsätzen bilden die A-Klasse
- mittleren Prozentsätzen bilden die B-Klasse
- niedrigsten Prozentsätzen bilden die C-Klasse

Die Analyse ergibt:

- 6 von 19 Artikeln bilden die A-Klasse mit einem Anteil von 57,58 %
- 8 von 19 Artikeln bilden die B-Klasse mit einem Anteil von 34,18 %

  und somit

- bilden 14 von 19 Artikeln die A- und B-Klasse mit 91,76 % und
- 5 von 19 Artikeln bilden die C-Klasse mit einem Anteil von lediglich 8,24 %

In produzierenden Unternehmen bilden die A-Klasse meist ca. 70 %, die B-Klasse ca. 20 % und die C-Klasse ca. 10 % aller Waren.

Anmerkung: Das dargestellte Beispiel für die Waren im Bereich „Reinigung und Hygiene“ stellt lediglich das Prinzip vor. Welche Artikel in Ihrer Einrichtung zur A-Klasse, zur B-Klasse und zur C-Klasse gehören, muss anhand Ihrer konkreten Zahlen berechnet werden.

Bei Waren der A-Klasse

- ist eine ständige Preisbeobachtung und -analyse notwendig
- ist der Lagerbestand möglichst gering zu halten, da sonst zu viel gebundenes Kapital im Lager steht
- sind die Verbrauchswerte zu kontrollieren.

Bei Waren der B-Klasse

- ist eine regelmäßige Preisbeobachtung notwendig
- ist der Lagerbestand nicht zu hoch zu halten
- sind die Verbrauchswerte zu beobachten.

Bei Waren der C-Klasse

- lohnt eine regelmäßige Preisbeobachtung und -analyse nicht
- spielt der Lagerbestand eine untergeordnete Rolle
- sind die Verbrauchswerte fast zu vernachlässigen.

Da es nicht sinnvoll ist, für einen relativ kleinen Artikelbestand mit mehreren Lieferanten zusammenzuarbeiten, muss derjenige Lieferant gefunden werden, der die günstigsten Preise für Waren der A-Klasse bietet.

Bestellmenge und Bestellzeitpunkt

Berechnung der Bestellmenge und des Bestellzeitpunkts mit Hilfe des Meldebestands

Die am häufigsten angewandte Methode, die Bestellmenge und den Bestellzeitpunkt zu bestimmen, ist die Berechnung des Meldebestands.

Diese Methode berücksichtigt auch die Lieferzeit.

Zunächst legen Sie für alle Waren Mindestbestand, Höchstbestand, Lieferzeit, Tagesbedarf und Meldebestand fest.

Mindestbestand

- Der Mindestbestand ist der Bestand, der notwendig ist, um kontinuierlich auch in Notfällen und bei Lieferhindernissen Produkte herstellen zu können oder hauswirtschaftliche Dienstleistungen erbringen zu können. Er wird auch Reservebestand genannt.

Höchstbestand

- Der Höchstbestand ist der Bestand, bis zu dem das Lager unter Berücksichtigung von baulichen, organisatorischen und hygienischen Gründen maximal aufgefüllt werden kann.

Lieferzeit

- Lieferzeit ist die Zeit von der Bestellung bis zur Lieferung

Tagesbedarf

- Tagesbedarf ist der Bedarf pro Tag

Meldebestand

- Eine Ware erreicht den Meldebestand, wenn sie bei dem Stand angekommen ist, bei dem sie unter der Berücksichtigung der Lieferzeit und des Tagesverbrauchs nicht unter den Mindestbestand sinkt. Der Meldebestand bestimmt somit den Zeitpunkt der Bestellung.

Die Formel für die Ermittlung des Meldebestands lautet:

Meldebestand = Mindestbestand + Tagesbedarf x Lieferzeit

Beispiel

Tagesbedarf: 30 Stück
Mindestbestand: 90 Stück
Lieferzeit: 3 Tage
Höchstmenge: 450 Stück

Meldebestand = 90 Stück + 30 Stück x 3 Tage = 180 Stück

Tabellarische Darstellung der Formel:

Mindestbestand 90	Verbrauch 1. Tag 30	Verbrauch 2. Tag 30	Verbrauch 3. Tag 30
Meldebestand 180			

Zum Zeitpunkt des Meldebestands bestellen Sie so viele Waren, dass unter Berücksichtigung der Lieferzeit und des Tagesbedarfs am Tag der Lieferung die Höchstmenge eingelagert werden kann. Dafür gilt die Formel:

Bestellmenge = Höchstmenge - Meldebestand + Tagesbedarf x Lieferzeit

Bestellmenge = 450 Stück - 180 Stück + 30 Stück x 3 Tage = 360 Stück.

Diese Formel kann man sich auch tabellarisch deutlich machen.

	Bestand morgens	**Lieferung**	**Bestand nach Lieferung**	**Tagesbedarf**	**Bestand abends**
Montag	180	-		30	150
Dienstag	150	-		30	120
Mittwoch	120	-		30	90
Donnerstag	90	360	450		

- Am Montag ist der Meldebestand mit 180 Stück erreicht. An diesem Tag werden die Waren bestellt, die am Donnerstag eintreffen.
- Montag, Dienstag und Mittwoch werden jeweils 30 Stück verbraucht, sodass der Bestand am Donnerstagmorgen bei 90 Stück liegt.
- Donnerstag werden 360 Stück geliefert. Somit ist der Höchstbestand von 450 erreicht.

Berechnung der optimalen Bestellmenge mit der Harris-Formel

Nicht nur die Waren selbst verursachen Kosten, sondern auch

- die Bestellung von Waren (Bestellkosten) und
- die Lagerung der Waren (Lagerkosten)

Bestellkosten entstehen durch den Zeitaufwand für

- Überwachung der vorhandenen Mengen
- Planung der zu bestellenden Menge
- Einholung von Angeboten
- Durchführung von Angebotsvergleichen
- Durchführung der Bestellung
- Überwachung der Warenannahme
- Einlagerung der Waren.

Lagerkosten entstehen durch

- Raumkosten
- Zeit für die Lagerüberwachung
- Verlust durch Überlagerung

Je häufiger Sie Bestellungen durchführen, umso mehr Bestellkosten entstehen; und je mehr Sie Waren lagern, desto höher schlagen die Lagerkosten zu Buche.

Bei einem Planungszeitraum von 1 Jahr könnten Sie theoretisch 1 mal im Jahr alle benötigten Waren bestellen. Im Januar haben Sie einen hohen Lagerbestand, der sich bis zum Dezember kontinuierlich abbaut. So entstehen

- sehr geringe Bestellkosten und
- sehr hohe Lagerkosten.

Schon bei zweimaliger Bestellung sinken die Lagerkosten, aber die Bestellkosten steigen. Bei einer viermaligen Bestellung sinken die Lagerkosten weiter, die Bestellkosten steigen weiter an, usw.

Wenn Sie täglich, also 365 mal im Jahr, bestellen, entstehen

- sehr geringe bzw. keine Lagerkosten und
- sehr hohe Bestellkosten.

Für manche Waren ist die letzte Variante durchaus üblich. Die „Just-in-time"-Lieferung wird häufig für Frischfleisch und Frischfisch gewählt.

Damit Waren so kostengünstig wie möglich bestellt und gelagert werden, ist es notwendig, das richtige Maß zu finden, bei dem die Summe der Bestellkosten und der Lagerkosten am niedrigsten sind. Dies ist die sog. „optimale Bestellmenge".

Für die Berechnung der optimalen Bestellmenge gibt es die Harris-Formel (deren Herleitung hier nicht näher erläutert wird).

$$\sqrt{\frac{2 \times \text{Bestellkosten} \times \text{Gesamtbedarf}}{\text{Lagerkosten} \times \text{Planungszeitraum}}} = \text{optimale Bestellmenge}$$

Beispiel:

Bestellkosten pro Bestellung:	12,00 €
Gesamtbedarf pro Jahr	4.800,00 kg
Lagerkosten pro kg und Jahr	0,30 €
Planungszeitraum	1 Jahr

$$\sqrt{\frac{2 \times 12 \times 4.800}{0,3 \times 1}} = \text{optimale Bestellmenge} \approx 600 \text{ kg}$$

Die Bestellhäufigkeit errechnet sich aus

- Gesamtbedarf : optimale Bestellmenge

Bestellhäufigkeit = 4.800 : 600 = 8

Wenn die optimale Bestellung bei achtmal jährlich liegt, erfolgt sie also immer zweimal pro Quartal:

- am Anfang und in der Mitte oder
- in der Mitte und am Ende eines Quartals.

Die Berechnung der optimalen Bestellmenge setzt voraus, dass die Lager- und Bestellkosten bekannt sind, bzw. mit nicht all zu großem Aufwand ermittelt werden können. Diese Aufgabe übernehmen in der Regel die Controller.

Lieferantenauswahl

Für alle Arten von Gütern stehen fast unbegrenzt Anbieter auf dem Markt zur Verfügung. Mit einer systematisch durchgeführten Analyse müssen Sie den optimalen Lieferanten auswählen.

Dazu definieren Sie zunächst Anforderungskriterien. Da nicht jedes Kriterium gleich wichtig ist, werden die Anforderungen auf einer Skala von 1-5 gewichtet, z.B.

Kriterium	Gewichtung
Preis	4
Produktqualität	5
Lieferfähigkeit (kann der Lieferant jederzeit die benötigten Waren in ausreichender Menge liefern?)	5
Lieferzuverlässigkeit (kann der Lieferant jederzeit pünktlich liefern?)	3
Service	4

Ähnlich wie bei der Nutzwertanalyse (s. S. 40) bewerten Sie nun für jeden Lieferanten die einzelnen Anforderungskriterien auf einer Skala von 1-10 und multiplizieren sie mit der Gewichtung.

1 = Anforderung wird nur unzureichend erfüllt
10 = Anforderung wird optimal erfüllt

Lieferant Müller	Gewichtungsfaktor	ungewichtete Bewertung	gewichtete Bewertung
Preis	4	10	40
Produktqualität	5	8	40
Lieferfähigkeit	5	9	45
Lieferzuverlässigkeit	3	7	21
Service	4	8	32
Summe			**178**

Lieferant Meier	**Gewichtungs-faktor**	**ungewichtete Bewertung**	**gewichtete Bewertung**
Preis	4	7	28
Produktqualität	5	10	50
Lieferfähigkeit	5	10	50
Lieferzuverlässigkeit	3	8	24
Service	4	10	40
Summe			**192**

Lieferant Schulze	**Gewichtungs-faktor**	**ungewichtete Bewertung**	**gewichtete Bewertung**
Preis	4	8	32
Produktqualität	5	8	40
Lieferfähigkeit	5	6	30
Lieferzuverlässigkeit	3	9	27
Service	4	9	36
Summe			**165**

In einer Anforderungsmatrix fassen Sie die Beurteilungen zusammen.

	Lieferant Müller	**Lieferant Meier**	**Lieferant Schulze**
Preis	40	28	32
Produktqualität	40	50	40
Lieferfähigkeit	45	50	30
Lieferzuverlässigkeit	21	24	27
Service	32	40	36
Summe	**178**	**192**	**165**

Lieferant Meier erfüllt die Anforderungen am besten (obwohl er beim Preis am schlechtesten abschneidet).

Die Lieferantenauswahl sollten Sie im Jahresabstand wiederholen. Eine häufigere Wiederholung ist nicht sinnvoll, da der Aufwand den Nutzen übersteigt.

Optimal ist eine lange, vertrauensvolle Lieferanten-Kunden-Beziehung. Sollte bei einem nächsten Vergleich der aktuelle Lieferant nur wenige Punkte hinter einem Alternativ-Lieferanten liegen, ist von einem Wechsel abzuraten. Nur bei gravierenden Differenzen sollte er erwogen werden.

Investitionen

Investitionsgüter sind Arbeitsmittel in Form von Maschinen und Geräten, die im Unternehmen über lange Zeit zum Einsatz kommen. Ohne Investitionsgüter lassen sich keine Produkte herstellen oder Dienstleistungen erbringen:

- kein Kaffee ohne eine Kaffeemaschine
- kein Mittagessen ohne Gargeräte
- keine Reinigung ohne Reinigungswagen
- keine Wäschepflege ohne Waschautomaten
- keine Lagerung ohne Lagerregale
- keine Wohn- oder Arbeitsmöglichkeit ohne Mobiliar

Mit einer Investition wird das Kapital eines Unternehmens langfristig gebunden. Deshalb muss für den Kauf von Investitionsgütern - anders als bei kurzfristigen Gütern - jeweils eine Einzelfallentscheidung getroffen werden.

In der Kostenrechnung wird der Zusammenhang zwischen

- dem Preis für ein Investitionsgut und
- dem Nutzungszeitraum

in den Abschreibungen deutlich. Abschreibungen errechnen sich aus

$$\frac{\text{Anschaffungspreis}}{\text{Nutzungsdauer}}$$

Für eine Kaffeemaschine mit einem Anschaffungspreis von 5.000 € und einer Nutzungsdauer von 10 Jahren betragen die Abschreibungen

$$\frac{5.000\ €}{10\ \text{Jahre}} = 500\ €/\text{Jahr}.$$

Bei einer Produktion von 20.000 l Kaffee/Jahr sind dies 0,025 € /l Kaffee.

Ausführungen zu Abschreibungen s. „Betriebs- und Unternehmensführung" Band 1 Kapitel „Kostenrechnung".

Der Ablauf einer Investitionsplanung ist im Kapitel „Planungsinstrumente“ auf S. 27 beschrieben. Hier werden nun die einzelnen Schritte der Investitionsplanung am Beispiel „Investition von Reinigungswagen“ erläutert.

Bedarf beschreiben

Für die Beschreibung des Bedarfs müssen zunächst die Bedingungen benannt werden, unter denen die Reinigungswagen zum Einsatz kommen:

- Art der Einrichtung
- Kunden der Einrichtung
- Frequentierung der Einrichtung
- Größe der Einrichtung
- Raumbuch
- Leistungsbeschreibung
- Reinigungstechnik
- Mitarbeiter, die mit den Reinigungswagen arbeiten werden
- Einteilung der Reinigungsreviere
- Platzbedarf für die Lagerung der Wagen
- Transportwege vom Lager zum Einsatzort
- Platzbedarf am Einsatzort

Hieraus leiten sich die Anforderungen an die Reinigungswagen ab. Sie werden in einem sog. „Pflichtenheft“ beschrieben. Das Pflichtenheft gibt Auskunft über:

- Anzahl der benötigten Reinigungswagen
- Ausstattung der Reinigungswagen
- Ordnungssystem für die Arbeitsmittel auf dem Reinigungswagen
- Lagerorte
- Einsatzorte
- Dauer der Wege- und Rüstzeiten
- Handling der Reinigungswagen

Informationen beschaffen

Um sich zu informieren, welche Reinigungswagen auf dem Markt angeboten werden, nutzen Sie z.B. Messebesuche, das Internet, Verbands- oder Unternehmensnetzwerke, Kataloge und Beraterbesuche vor Ort.

Lassen Sie sich von den Beratern der verschiedenen Firmen Referenzbetriebe nennen, in denen Sie den Einsatz der Reinigungswagen in der Praxis beobachten können.

Damit Sie nicht den Überblick verlieren, ordnen Sie die umfangreichen Informationen systematisch z.B. mit einem L-förmigen Matrixdiagramm.
(s. S. 31)

Angebote anfordern

Wenn Sie ausreichende Informationsquellen erschlossen haben, fordern Sie von den Anbietern Angebote ein. In aller Regel reicht es, sich auf drei bis vier Anbieter zu konzentrieren. Nennen Sie den Anbietern Ihre Anforderungen, die Sie im Pflichtenheft festgelegt haben.

Im schriftlichen Angebot beschreibt der Anbieter

- Art und Beschaffenheit der Reinigungswagen einschließlich Sonderausführungen
- Anzahl der Reinigungswagen
- Einzel- und Gesamtpreis
- Lieferungs- und Zahlungsbedingungen (Rabatte, Skonto, Zahlungsziel)
- Angaben darüber, wie lange das Angebot Gültigkeit hat
- Erfüllungsort und Gerichtsstand.

Wenn die Angebote eingegangen sind, überprüfen Sie, ob die Angaben der Anbieter vergleichbar sind.

Prüfen Sie, ob Art und Beschaffenheit der Reinigungswagen und die gewünschten Sonderausführungen in den Angeboten identisch sind. So stellen Sie sicher, dass Sie nicht Äpfel mit Birnen vergleichen.

Wenn sich die Angebote nicht vergleichen lassen, sollten Sie die Anbieter auffordern, in einem erneuten Angebot die Reinigungswagen exakt Ihren Anforderungen entsprechend anzubieten.

Kosten vergleichen

Beim Kostenvergleich dürfen nicht nur die Preise für die Reinigungswagen verglichen werden, sondern auch die Liefer- und Zahlungsbedingungen. Erstellen Sie sich dazu eine Übersicht. (Mehrwertsteuer wird im Beispiel nicht berücksichtigt).

Fa. Blitzblank

- Preis der Reinigungswagen: 3.400 €/Stück
- 10 % Rabatt
- 3 % Skonto
- kostenfreier Service für Aufbau und Einführung

Fa. Wischfrisch

- Preis der Reinigungswagen: 3.700 € €/Stück
- 12 % Rabatt
- 4 % Skonto
- kostenfreier Service für Aufbau und Einführung

Fa. Sausbraus

- Preis der Reinigungswagen: 3.500 €/Stück
- 5 % Rabatt
- 2 % Skonto
- Aufbau und Einführung:150 €

	Fa. Blitzblank	Fa. Wischfrisch	Fa. Sausbraus
Preis	3.400,00 €	3.700,00 €	3.500,00 €
Rabatt	- 340,00 €	- 444,00 €	- 175,00 €
Zwischensumme	3.060,00 €	3.256,00 €	3.325,00 €
Skonto	- 91,80 €	- 130,24 €	- 66,50 €
Service (Aufbau)	-	-	+ 150,00 €
Endpreis	**2.968,20 €**	**3.125,76 €**	**3.408,50 €**

Weitere Angebotskriterien vergleichen und Prioritäten festlegen

Nach dem Preisvergleich bewerten Sie die weiteren Anforderungskriterien. Dafür können Sie die Nutzwertanalyse (s. S. 40) einsetzen.

Ein weniger aufwändiges Verfahren ist der Praxisvergleich. Fordern Sie von jedem Anbieter ein Probeexemplar an und lassen die Mitarbeiter eine Zeitlang damit arbeiten. Hier kristallisiert sich schnell heraus, welcher Reinigungswagen sich für Ihre spezifischen Anforderungen am besten eignet. Die Methode der Bemusterung lässt sich nicht bei jedem Investitionsgut anwenden. Alternativ bietet es sich an, sich den Praxiseinsatz des Investitionsgutes in einer anderen Einrichtung anzuschauen.

Präsentation, Prüfung und Entscheidung

Erläutern Sie den Kollegen im Controlling Ihren Angebotsvergleich und stellen Sie dabei insbesondere Ihre fachliche Begründung heraus. Wenn die Controller überzeugt sind, muss nur noch die Leitung ihre Zustimmung geben.

Wenn die Prüfung negativ ausfällt, müssen Sie den Angebotsvergleich noch einmal überarbeiten oder auch weitere Angebote anfordern.

Haben Sie in Ihrer Stellenbeschreibung eine Budgetvollmacht über 3.500 € (die teuersten Reinigungswagen kosten 3.405 €), liegen Prüfung und Entscheidung in Ihren Händen. Trotzdem sollten Sie die Kompetenz von versierten Controllern nutzen.

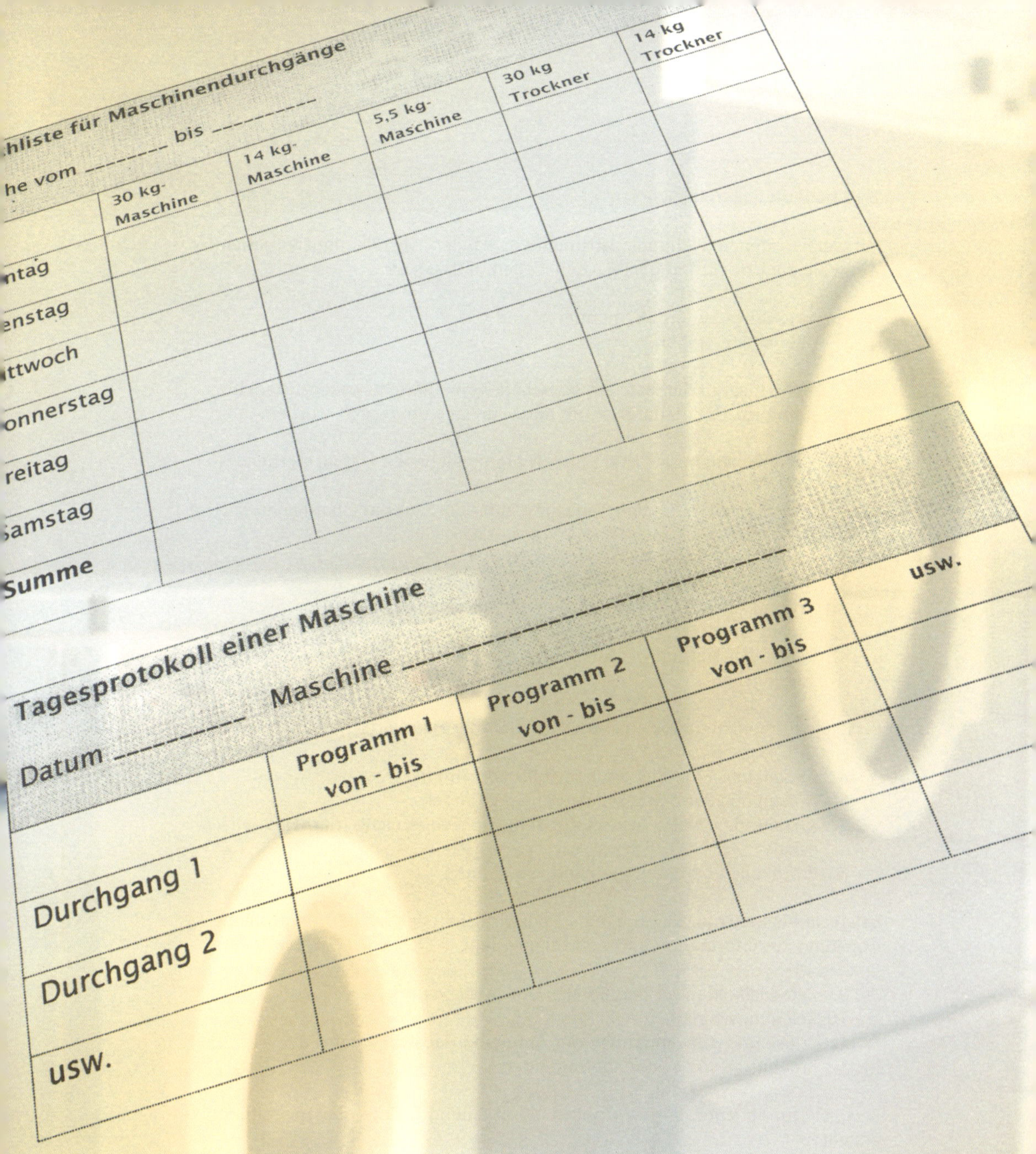

Kapitel 4

Berichtswesen

Was bedeutet „Berichtswesen"?

Mit verschiedenen Planungsinstrumenten erfüllen Sie Planungsaufgaben. Wenn Sie die Umsetzung überwachen wollen, müssen Sie

- die Umsetzung dokumentieren und
- Berichte erstellen.

Man spricht hier in der Betriebswirtschaft vom „Berichtswesen". Berichte enthalten Informationen darüber, ob und wie Pläne umgesetzt wurden.

Berichte können von Mitarbeitern aller Hierarchie-Ebenen erstellt werden.

Beispiele für Berichte aus dem Tagesgeschäft von hauswirtschaftlichen Mitarbeitern:

1. Anzahl der verkauften Artikel in einer Cafeteria
2. Art und Anzahl der geleisteten Intervallreinigungen
3. Einsatz der Maschinen in einer Wäscherei
4. Verbrauch/Nutzung von Moderationsmaterial und Medien in einem Tagungshaus

Beispiele für Berichte aus dem Tagesgeschäft der Hauswirtschaftsleitung:

5. Anzahl und Ergebnis der kontrollierten Zimmer
6. Anzahl und Art der Beschwerden von Kunden
7. Anzahl der Netto-Arbeitsstunden für Teilbereiche der Hauswirtschaft
8. Protokolle über Sitzungen und Schulungen

Beispiele für Berichte, die Ihnen als Hauswirtschaftsleitung die Controlling-Abteilung zur Information und Kontrolle vorlegt:

9. Personalkosten für den Bereich Hauswirtschaft
10. Belegungszahlen
11. Erlöse und Aufwendungen der Abteilung Hauswirtschaft
12. Ergebnisse von Kundenbefragungen

Beispiele für Berichte, die die Controlling-Abteilung für die oberste Leitung erstellt:

- Höhe der Gesamterlöse
- Höhe des Betriebsergebnisses
- Höhe der Forderungen
- Höhe des Eigenkapitals
- Höhe der Gesamtpersonalkosten

Für alle Berichte gilt: Sie dürfen nicht zum Selbstzweck erstellt werden („Hauptsache ich habe dokumentiert"), sondern sie müssen ein bestimmtes Ziel verfolgen, einen betriebswirtschaftlichen bzw. qualitätsrelevanten Nutzen haben.

Beispiele für Berichte

Für die folgenden zwölf Berichte wird jeweils der Nutzen dargestellt und ein Vorschlag für die Strukturierung des Berichts gegeben. Sie dienen als Beispiel, wie verschieden Berichte gestaltet sein können.

Bericht 1: Anzahl der verkauften Artikel in einer Cafeteria

Betriebswirtschaftlicher Nutzen:

- Feststellung des Umsatzes
- Grundlage zur Berechnung der Erlöse
- Grundlage zur Planung des zukünftigen Einkaufs
- Grundlage zur Planung des zukünftigen Personaleinsatzes

Qualitätsrelevanter Nutzen:

- Feststellung der Vorlieben der Kunden

Tagesbericht Cafeteria

Datum:___________________________

Uhrzeit	**Käse-brötchen**	**Wurst-brötchen**	**Joghurt, natur**	**Frucht-joghurt**	**Becher Kaffee**	**Mineral-wasser**	**usw.**
8.00 - 9.00							
9.00 - 10.00							
10.00 - 11.00							
11.00 - 12.00							
12.00 - 14.00	kein Verkauf						
14.00 - 15.00							
15.00 - 16.00							
16.00 - 17.00							
17.00 - 18.00							
Summe							

Bericht 2: Art und Anzahl der geleisteten Intervallreinigungen

Betriebswirtschaftlicher Nutzen:

- Nachweis über die Erfüllung der zugesagten Leistungen
- Grundlage zur Überprüfung des Personaleinsatzes

Qualitätsrelevanter Nutzen:

- Kundenzufriedenheit: gleich bleibendes Reinigungsergebnis
- Mitarbeiterzufriedenheit: systematische Selbstkontrolle und Übersicht
- Grundlage für Kontrollen der Vorarbeiterin

Nachweis der wöchentlichen Intervallreinigung

Woche vom _______ bis _________ Wohnbereich _________________

	Montag	Dienstag	Mittwoch	Donnerstag	Freitag
Zimmer 1					
Zimmer 2					
Zimmer 3					
Zimmer 4					
Zimmer 5					
Zimmer 6					
usw.					

Tragen Sie mit einem Kürzel ein, in welchem Zimmer Sie wann welche Intervallreinigung erbracht haben.

Kürzel:

A = Abwischen von Tischen und Stühlen
B = Bilderrahmen reinigen
C = Checken der Beleuchtung
D = Durchführung Blumenpflege
E = Eingangstür komplett reinigen
F = Fliesen komplett reinigen
G = Garderobe reinigen
H = Heizung abwischen
usw.

Bericht 3: Einsatz der Maschinen in einer Wäscherei

Betriebswirtschaftlicher Nutzen:

- Feststellung der wirtschaftlichen Nutzung der Maschinenkapazitäten
- Grundlage für die Berechnung der Kosten für die Wäscheversorgung

Qualitätsrelevanter Nutzen:

- Feststellung der ökologischen Nutzung der Maschinen
- Mitarbeiterzufriedenheit durch optimale Arbeitsorganisation

Strichliste für Maschinendurchgänge

Woche vom ____________ bis ____________

	30 kg-Maschine	14 kg-Maschine	5,5 kg-Maschine	30 kg-Trockner	14 kg-Trockner
Montag					
Dienstag					
Mittwoch					
Donnerstag					
Freitag					
Samstag					
Summe					

Tagesprotokoll einer Maschine

Datum _________ Maschine ____________________________

	Programm 1 von - bis	Programm 2 von - bis	Programm 3 von - bis	usw.
Durchgang 1				
Durchgang 2				
usw.				

Die Berichte werden in ausgewählten Wochen im Jahr durchgeführt, nicht täglich.

Bericht 4: Verbrauch/Nutzung von Moderationsmaterial und Medien in einem Tagungshaus

Betriebswirtschaftlicher Nutzen:

- Grundlage für die Rechnungsstellung an Veranstalter
- Informationen für den Einkauf
- Grundlage für Lagerkapazität

Qualitätsrelevanter Nutzen

- Jederzeit zuverlässige Bereitstellung aller Moderationsmaterialien und Medien für Veranstalter

Verbrauch/Nutzung Moderationsmaterial Datum:_____________________________				
	Veranstalter A	**Veranstalter B**	**Veranstalter C**	**usw.**
kostenfrei				
Moderationsstifte bis 10 Stück				
Flipchartpapier bis 10 Blatt				
Moderations-wand bis 3 Stück				
Moderations-wandpapier				
kostenpflichtig				
Moderationsstifte ab 11. Stück				
Flipchartpapier ab 11. Blatt				
Moderations-wand ab 4.Stück				
Schreibblöcke				
Kugelschreiber				
Beamer				
Laptop				
Mikrophon-anlage				

Bericht 5: Anzahl und Ergebnis der kontrollierten Zimmer

Betriebswirtschaftlicher Nutzen:

- Werterhaltung der Räume und Ausstattung
- Wettbewerbsfähigkeit der Einrichtung

Qualitätsrelevanter Nutzen:

- Kundenzufriedenheit
- Überprüfung der vorgegebenen Qualitätsstandards
- Mitarbeiterzufriedenheit durch Rückmeldung der Leitung
- Grundlage für Mitarbeiterschulungen

Reinigungskontrolle

Monat ______________________ Zimmertrakt ______________________

	Datum	Ergebnis	Maßnahme
Zimmer 1			
Zimmer 2			
Zimmer 3			
Zimmer 4			
Zimmer 5			
Zimmer 6			
Zimmer 7			
Zimmer 8			
Zimmer 9			
Zimmer 10			
Zimmer 11			
Zimmer 12			
usw.			

Bericht 6: Anzahl und Art der Beschwerden von Kunden

Betriebswirtschaftlicher Nutzen:

- Steigerung der Nachfrage durch systematisches Beschwerdemanagement
- Optimierte Arbeitsorganisation durch Hinweise der Kunden

Qualitätsrelevanter Nutzen:

- Kundenzufriedenheit
- Anpassung von Qualitätszielen
- Mitarbeiterzufriedenheit: Motivation der Mitarbeiter, sich für Kundenzufriedenheit zu engagieren

Beschwerden von Kunden Monat ______________________					
	Art der Beschwerde	Bereich			
		V	R	W	M
1					
2					
3					
4					
5					
6					
7					
usw.					

V Verpflegung
R Reinigung
W Wäsche
M Mitarbeiter

Bericht 7: Anzahl der Netto-Arbeitsstunden für Teilbereiche der Hauswirtschaft

Betriebswirtschaftlicher Nutzen:

- Grundlage zur Überwachung und Verbesserung der Personaleinsatzplanung und der Dienstplangestaltung
- Grundlage für Kalkulation von hauswirtschaftlichen Dienstleistungen

Qualitätsrelevanter Nutzen:

- Möglichkeit zur Überprüfung, ob definiertes Qualitätsniveau erreicht werden kann

Netto-Arbeitsstunden

Monat ______________________

	Küche	Restaurant	Seminarräume	Zimmer	Empfang
1					
2					
3					
4					
5					
6					
7					
8					
9					
10					
11					
12					
13					
14					
15					
16					
17					
18					
19					
20					
21					
22					
23					
24					
25					
26					
27					
28					
29					
30					
31					
Summe					

Bericht 8: Protokolle über Sitzungen oder Schulungen

Betriebswirtschaftlicher Nutzen:

- Vermeidung von Informationsverlust
- Rationelle Informationsaufbereitung
- Grundlage für die Umsetzung von Zielen und Maßnahmen

Qualitätsrelevanter Nutzen:

- Mitarbeiterzufriedenheit durch vollständige Information
- Bei Schulungen mit gesetzlicher Schulungspflicht: Beleg (bei Schulungen auch Unterschrift der Teilnehmer notwendig)

Protokoll

Sitzung/Schulung ______________________________ am ___________________

Ort ____ Zeit: ___________________

Leitung/Moderator

Protokollführung

Teilnehmer

Themen/Ergebnisse

Vereinbarungen

Unterschrift Protokollführung

Verteiler

Bericht 9: Personalkosten für den Bereich Hauswirtschaft

Betriebswirtschaftlicher Nutzen:

- Grundlage für die Planung und Überwachung des Personalbudgets

Personalkosten Hauswirtschaft Monat ______________________					
Name	**Personal-nummer**	**Beschäfti-gungsum-fang in %**	**Bezugsart**	**lfd. Monat in €**	**Summe lfd. Jahr in €**
			Brutto-Personalkosten		
			SV-Beitrag		
			ZVK-Beitrag		
			Summe		
			Brutto-Personalkosten		
			SV-Beitrag		
			ZVK-Beitrag		
			Summe		
			Brutto-Personalkosten		
			SV-Beitrag		
			ZVK-Beitrag		
			Summe		
			Brutto-Personalkosten		
			SV-Beitrag		
			ZVK-Beitrag		
			Summe		
			Brutto-Personalkosten		
			SV-Beitrag		
			ZVK-Beitrag		
			Summe		
			Brutto-Personalkosten		
			SV-Beitrag		
			ZVK-Beitrag		
			Summe		
Gesamtsumme					

SV Sozialversicherung
ZVK Zusatzversorgungskasse

Bericht 10: Belegungszahlen

Betriebswirtschaftlicher Nutzen:

- Budgetüberwachung
  (gemeinsam mit Bericht 11 „Erlöse und Aufwendungen“)
- Nachkalkulation Personalbedarf, Grundlage für zukünftige Planung

Qualitätsrelevanter Nutzen:

- Rückgang/Zunahme der Belegung als ein mögliches Indiz für die Entwicklung der Kundenzufriedenheit

Jahresbelegung						Jahr ______________________
Monat	**Ü**	**F**	**Sv**	**M**	**Sn**	**A**
Januar						
Februar						
März						
April						
Mai						
Juni						
Juli						
August						
September						
Oktober						
November						
Dezember						
Summe						

Ü Übernachtung
F Frühstück
Sv Seminarverpflegung vormittags
M Mittagessen
Sn Seminarverpflegung nachmittags
A Abendessen

Bericht 11: Erlöse und Aufwendungen der Abteilung Hauswirtschaft

Betriebswirtschaftlicher Nutzen:

- Budgetüberwachung (gemeinsam mit Bericht 10 „Belegungszahlen“)
- Nachkalkulation, Grundlage für zukünftige Planung

Qualitätsrelevanter Nutzen:

- Abnahme/Zunahme von Erlösen und Aufwendungen als ein mögliches Indiz für die Entwicklung der Kundenzufriedenheit

Erlöse und Aufwendungen Hauswirtschaft

Monat ____________________

	Ist in €	Ist in %	Plan in €	Plan in %	Differenz Ist/Plan in €
Erlöse					
Unterkunft kirchliche Gruppen					
Unterkunft nicht-kirchliche Gruppen					
Verpflegung kirchliche Gruppen					
Verpflegung nicht-kirchliche Gruppen					
Miete Seminarräume kirchliche Gruppen					
Miete Seminarräume nicht-kirchliche Gruppen					
Getränke					
Summe der Erlöse					
Aufwendungen					
Wareneinsatz Lebensmittel					
Wareneinsatz Getränke					
Wareneinsatz Reinigungsmittel					
Wareneinsatz Sonstige Arbeitsmittel					
Personalkosten					
Summe der Aufwendungen					

Bericht 12: Ergebnisse von Kundenbefragungen

Betriebswirtschaftlicher Nutzen:

- Auswirkung der Kundenzufriedenheit auf die Existenzsicherung der Einrichtung

Qualitätsrelevanter Nutzen:

- Ermittlung der Kundenzufriedenheit
- Ermittlung des Qualitätsniveaus der hauswirtschaftlichen Dienstleistung
- Ermittlung der Stärken und Schwächen der Mitarbeiter

Ergebnisse Kundenbefragung

Datum der Befragung ____

Befragter Personenkreis

____

____

Befragungskriterium **Zufriedenheit mit ...**	**durchschnittliches Ergebnis auf einer Skala von 1 bis 6**
Speisenauswahl/Abwechslung	
Geschmack der Speisen	
Speisenservice	
Ernährungsberatung	
Zimmerreinigung, Häufigkeit	
Zimmerreinigung, Sauberkeit	
Wäscheservice, Sauberkeit	
Wäscheservice, Dauer von Abgabe bis Rücklieferung	
Wohnatmosphäre	
Freundlichkeit der Mitarbeiter	

Berichte als Grundlage für Abweichungsanalysen

Mit Hilfe der Berichte überwachen Sie die Umsetzung der Planung. Sie benötigen die Berichte für einen Soll-Ist-Vergleich, denn bei der Umsetzung von Plänen gibt es in der betrieblichen Praxis in aller Regel mehr oder minder große Abweichungen.

Minimale Abweichungen sind an der Tagesordnung und brauchen nicht weiter beobachtet zu werden. Was als „minimal" betrachtet wird, wird vom Controlling festgelegt.

Im Beispiel-Alten- und Pflegeheim wurden 16,52 VZK geplant (s. S. 81). Dies entspricht bei einer 38,5 Std.-Woche einer monatlichen Brutto-Arbeitszeit von

- 16,52 x 38,5 Std. x 4,35 = 2.767 Std.

Bei einer Ausfallzeit von 23 % entspricht dies einer Netto-Arbeitszeit von

$$\frac{2.767 \times 100}{123} = 2.250 \text{ Std.}$$

Wenn das Controlling festlegt, dass bei Abweichungen bis zu 4 % keine Analyse der Gründe notwendig ist, so brauchen Sie bei einer Netto-Arbeitszeit zwischen 2.160 Std. und 2.340 Std. nichts zu unternehmen.

Belegen die Soll-Ist-Vergleiche jedoch größere Abweichungen, muss reagiert werden. Dazu sind drei Schritte notwendig, die Sie als Leitungskraft in der Hauswirtschaft gemeinsam mit den Kollegen vom Controlling bearbeiten:

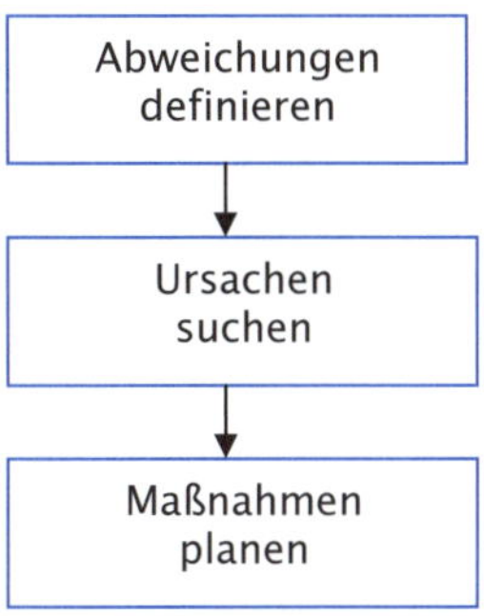

Im Beispiel-Alten- und Pflegeheim hat der Soll-Ist-Vergleich im Dezember folgende Werte ergeben:

- Soll 2.250 Std.
- Ist 2.430 Std.

Schritt 1: Abweichungen definieren

Sie analysieren den Bericht „Netto-Arbeitsstunden“:

- Wie hoch sind die gesamten Abweichungen?
- Wie hoch sind die Abweichungen in den einzelnen Bereichen?
- Sind Abweichungen an bestimmten Tagen besonders hoch?

Ein Ergebnis der Analyse könnte z.B. lauten:

Analyse der Abweichungen bei den Netto-Arbeitsstunden

Dezember 20xx

- Die Abweichungen der Netto-Arbeitsstunden betragen für den gesamten Bereich Hauswirtschaft + 180 Std., das entspricht einer Abweichung nach oben um 8 %.

- Die Analyse der Teilbereiche zeigt folgendes Bild:

Teilbereich	**Abweichung**
Wäscherei	- 2 Std.
Reinigung	+ 51 Std.
Küche und Service	+ 121 Std.
Hauswirtschaftsleitung	+ 10 Std.
Summe	+ 180 Std.

- Die geringe Abweichung in der Wäscherei braucht nicht untersucht zu werden.

- Die erhöhte Stundenzahl in der Reinigung ist gleichmäßig auf den Dezember verteilt.

- Bei Küche, Service und der Leitungskraft konzentriert sich die erhöhte Stundenzahl auf die 51. Woche.

Schritt 2: Ursachen suchen

Um die Ursachen zu ermitteln, prüfen Sie z.B.:

- Gab es außergewöhnliche Vorfälle?
- Gab es außergewöhnliche Veranstaltungen?
- Wurden Neuerungen eingeführt?
- Gab es defekte Maschinen/Arbeitsmittel?
- Wurden neue Mitarbeiter eingeführt?
- Wurden in den früheren Monaten auch Abweichungen festgestellt?
- Gibt es einen Zusammenhang/gleiche Ursachen zu den vorherigen Monaten?
- Waren festgelegte Maßnahmen aus früheren Monaten umgesetzt worden?

Das Ergebnis der Ursachenforschung könnte z.B. lauten:

Ursachen der Abweichungen bei den Netto-Arbeitsstunden

Dezember 20xx

Die Ursachen für die Abweichungen bei der Reinigung sind vielschichtig:

- Norovirus-Erkrankung in zwei von drei Wohnbereichen, dadurch erhöhter Desinfektionsaufwand
- Einsatz von zwei neuen Mitarbeitern
- In den drei vorherigen Monaten wurde die Plan-Netto-Arbeitszeit jeweils um 4 % überschritten
- Schulungsmaßnahmen aus vorherigen Monaten wurden noch nicht vollständig umgesetzt.

Die Ursachen für die Abweichungen bei Küche und Service sind jahreszeitlich bedingt:

- Advents- und Weihnachtsfeiern
- Festmenüs an den Feiertagen
- Plätzchen backen mit Bewohnern

Die Ursachen für die Abweichungen bei der Leitungskraft resultieren aus zwei Gründen:

- Advents- und Weihnachtsfeiern
- Erhöhter Schulungs- und Kontrollbedarf wegen Norovirus-Erkrankung

Schritt 3: Maßnahmen planen

Zum Abschluss der Abweichungsanalyse müssen Konsequenzen festgelegt werden. Dabei lassen Sie sich von den Überlegungen leiten:

- Was muss getan werden, damit es in Zukunft nicht zu weiteren Abweichungen aus denselben Gründen kommt?
- Was muss getan werden, damit die erhöhte Stundenzahl ausgeglichen werden kann?

Hier können Sie mit einem Maßnahmenplan arbeiten (s. S 25).

Ziel	Maßnahmen	zuständig	Termin
Vermeidung von Norovirus-Erkrankungen	Mitarbeiter-schulungen	Hygiene-beauftragte	bis 15.01.
Umsetzung der Schulungsmaßnahmen aus vorherigen Monaten	Training on the job	Hauswirt-schafts-leitung	bis 15.01.
Zügige Einarbeitung der neuen Mitarbeiter	Training on the job, Mitarbeitergespräch	Hauswirt-schafts-leitung	bis 15.01.
Abbau der Mehrstunden in Küche und Service	Anpassung des Speiseplans, Verschiebung von weniger dringenden Intervallreinigungen in der Küche	Küchen-leitung	bis 31.01.
Abbau von Mehrstunden der Hauswirtschaftsleitung	Verschiebung von weniger dringenden Leitungsaufgaben	Hauswirt-schafts-leitung	bis 28.02.
Abbau der Mehrstunden in der Reinigung	Optimierung der Abläufe, Einsatz von Aushilfen	Hauswirt-schafts-leitung	bis 28.02.

Kapitel 5

Kennzahlen und Kennzahlensysteme

Was sind Kennzahlen und wozu dienen Kennzahlen?

Informationen über betriebliche

- Strukturen
- Prozesse und
- Ergebnisse

lassen sich numerisch ausdrücken. Dies bedeutet, dass betriebliche Sachverhalte in Zahlen beschrieben werden können. Dafür kennt das Controlling den Begriff „Kennzahlen" oder „Kenndaten".

Mit Kennzahlen ist es möglich, Ziele zu definieren, zu kontrollieren, auszuwerten und zu bewerten. Dabei können Zielvorgaben betriebswirtschaftlichen oder qualitätsrelevanten Charakter haben.

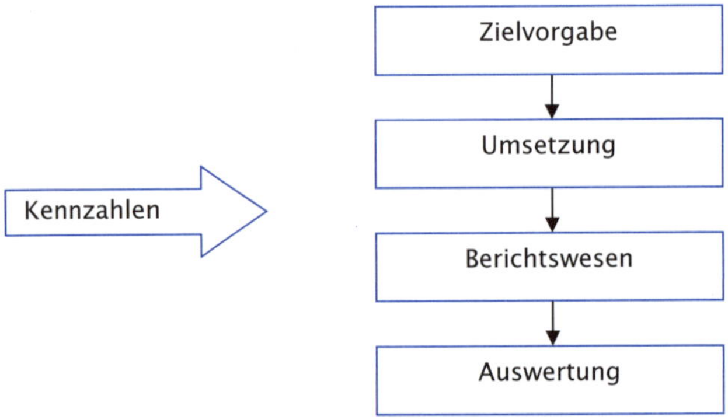

Beispiel für eine betriebswirtschaftliche Kennzahl

- Zielvorgabe: Als Zielvorgabe für die Belegungszahlen in einem Tagungshaus werden für das kommende Jahr 40.000 Übernachtungen als Kennzahl vorgegeben.

- Umsetzung: Im Tagesgeschäft wird die Dienstleistung „Übernachtung" realisiert. Hier kommen verschiedene Pläne zum Einsatz, z.B. Personaleinsatzplan, Zimmerplan.

- Berichtswesen: Täglich, monatlich, vierteljährlich und jährlich werden die tatsächlichen Belegungszahlen dokumentiert, sodass eine Kontrolle über die Erreichung der vorgegebenen Kennzahl jederzeit möglich ist.

- Auswertung: Monatlich, vierteljährlich und jährlich erfolgt eine Auswertung. Wird die Kennzahl deutlich unterschritten, erfolgt eine Abweichungsanalyse (s. S. 123).

Beispiel für eine qualitätsrelevante Kennzahl

- Zielvorgabe: Ein Ziel für die Qualität in der Verpflegung ist es, Speisen zu 80 % in Bioqualität anzubieten.
- Umsetzung: Im Tagesgeschäft wird die Dienstleistung „Verpflegung" realisiert. Für die Lebensmittelbeschaffung werden Lieferanten ausgewählt, die Bioprodukte anbieten.
- Berichtswesen: monatlich, vierteljährlich und jährlich wird der prozentuale Bio-Anteil an den Lebensmitteln mit Hilfe der Rechnungen dokumentiert, sodass eine Kontrolle über die Erreichung der vorgegebenen Kennzahl jederzeit möglich ist.
- Auswertung: Monatlich, vierteljährlich und jährlich erfolgt eine Auswertung. Wird die Kennzahl deutlich unterschritten, erfolgt eine Abweichungsanalyse (s. S. 123)

Arten von Kennzahlen

Es gibt zwei Arten von Kennzahlen:

- absolute Kennzahlen und
- relative Kennzahlen,

die beide weiter unterteilt werden können.

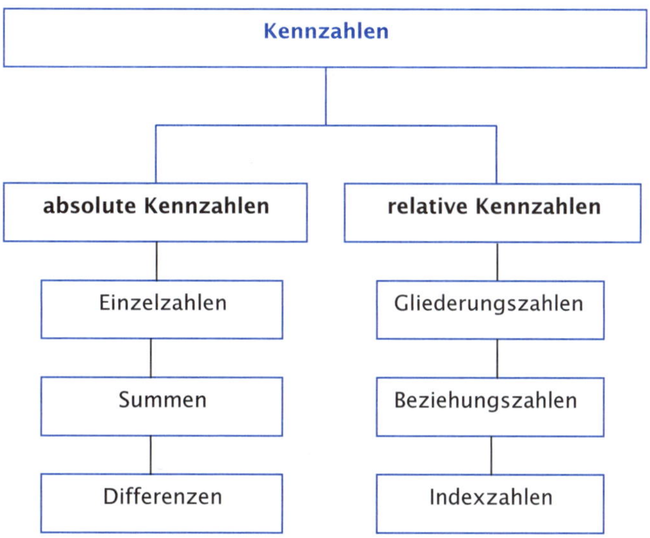

Absolute Kennzahlen

Einzelzahlen

Einzelzahlen sagen etwas über ein einzelnes Strukturelement, einen einzelnen Prozess oder ein Ergebnis aus. Sie sind unkompliziert zu erheben, z.B.

- Anzahl der beschäftigten Mitarbeiter
- Anzahl der Fortbildungstage der Mitarbeiter
- Anzahl der Gäste/Bewohner
- Menge der zu pflegenden Wäsche
- Anzahl der zur Verfügung stehenden Waschautomaten
- Anzahl der zu reinigenden Zimmer
- Wochenturnus der Unterhaltsreinigung
- Anzahl der angebotenen Menüs
- Anzahl der Sitzplätze im Restaurant

Summen

Summen werden durch die Addition von zwei oder mehreren Einzelzahlen gebildet, die in einem inhaltlichen Zusammenhang stehen, z.B. Ausfallzeit/Reservebedarf. Sie errechnet sich aus:

  Anzahl der Urlaubstage
\+ Anzahl der Feiertage
\+ Anzahl der Fortbildungstage
\+ Anzahl der Sonderurlaubstage
\+ Anzahl der sonstigen Fehlzeiten
= Ausfallzeit/Reservebedarf

Differenzen

Differenzen werden durch die Subtraktion von zwei oder mehreren Einzelzahlen gebildet, die in einem inhaltlichen Zusammenhang stehen, z.B. Gewinn bzw. Verlust. Sie errechnen sich aus:

  Erträge
\- Aufwendungen
= Gewinn/Verlust

Relative Kennzahlen

Gliederungszahlen

Gliederungszahlen setzen eine Teilgröße zu einer Gesamtgröße ins Verhältnis. Sie werden in der Regel als Prozentzahlen ausgedrückt.

Beispiel 1: Quote der Teilzeitkräfte

Die Quote der Teilzeitkräfte errechnet sich aus:

$$\frac{\text{Anzahl der Teilzeitkräfte x 100}}{\text{Anzahl aller Mitarbeiter}} = \text{Quote der Teilzeitkräfte}$$

Berechnungsbeispiel:

In der Reinigung arbeiten 16 Teilzeitkräfte und 2 Vollzeitkräfte.

$$\text{Quote der Teilzeitkräfte} = \frac{16 \times 100}{18} = 88{,}88\ \%$$

Beispiel 2: Quote der beanstandeten Zimmer bei Reinigungskontrollen

Die Quote der beanstandeten Zimmer errechnet sich aus:

$$\frac{\text{Anzahl der beanstandeten Zimmer x 100}}{\text{Anzahl der kontrollierten Zimmer}} = \text{Quote der beanstandeten Zimmer}$$

Berechnungsbeispiel:

Es wurden 114 Zimmer kontrolliert, in 7 Zimmern gab es Beanstandungen.

$$\text{Quote der beanstandeten Zimmer} = \frac{7 \times 100}{114} = 6{,}14\ \%$$

Beziehungszahlen

Beziehungszahlen setzen zwei verschiedene, unabhängige Größen, die aber in einem logischen Zusammenhang zueinander stehen, ins Verhältnis.

Beispiel 1: Personalschlüssel

Er errechnet sich aus:

$$\frac{\text{Anzahl der zu versorgenden Kunden}}{\text{Anzahl der Mitarbeiter}} = \text{Personalschlüssel}$$

Berechnungsbeispiel:

Eine stationäre Einrichtung hat 125 Kunden.
In der Hauswirtschaft sind 6,5 Vollzeitkräfte (VZK) beschäftigt.

$$\frac{\text{125 Kunden}}{\text{6,5 VZK}} = \text{19,23 Kunden/VZK}$$

oder anders formuliert:

Personalschlüssel = 1:19,23

Beispiel 2: Arbeitsproduktivität

Sie errechnet sich aus:

$$\frac{\text{Umsatzerlöse}}{\text{Personalaufwand}} = \text{Arbeitsproduktivität}$$

Berechnungsbeispiel:

Ein Tagungshaus hat Umsatzerlöse in Höhe von 960.000 € und einen Personalaufwand von 456.000 €.

$$\text{Arbeitsproduktivität} = \frac{960.000}{456.000} = 2{,}1$$

Alternativ zum Personalaufwand kann auch die Anzahl der VZK als Bezugsgröße angenommen werden. Für 13,7 VZK lautet die Formel dann:

$$\text{Arbeitsproduktivität} = \frac{\text{960.000 €}}{\text{13,7 VZK}} = \text{70.073 €/VZK}$$

Indexzahlen

Indexzahlen vergleichen ein und dieselbe Größe zu einem bestimmten Zeitpunkt mit einem anderen Zeitpunkt. Hierdurch soll eine Entwicklung im Zeitverlauf aufgezeigt werden. Zu diesem Zweck muss eine Basisgröße definiert werden. Der Index errechnet sich z.B. aus:

$$\frac{\text{Kennzahl im Jahr 2009}}{\text{Kennzahl Basisjahr}} = \text{Index}$$

Beispiel 1: Index der Auszubildenden

Eine außerbetriebliche Ausbildungsstätte hatte im Jahr 2003 insgesamt über alle Ausbildungsberufe 72 Auszubildende. Diese Zahl wird als Basis für die Berechnung des Index für die Auszubildenden festgelegt.

Basis = 72 Auszubildende

In den folgenden Jahren entwickelte sich die Zahl der Auszubildenden in der außerbetrieblichen Ausbildungsstätte so:

Jahr	Anzahl der Auszubildenden
2004	75
2005	78
2006	88
2007	92
2008	104
2009	105

Somit errechnen sich folgende Indices:

$$\text{Index 2004} = \frac{75}{72} = 1{,}04$$

$$\text{Index 2005} = \frac{78}{72} = 1{,}08$$

$$\text{Index 2006} = \frac{88}{72} = 1{,}22$$

$$\text{Index 2007} = \frac{92}{72} = 1{,}28$$

usw.

Beispiel 2:
Index der Marktanteile verschiedener Einrichtungen eines Trägers

Neben zeitlichen Verläufen können auch räumliche, d.h. regionale Unterschiede mit einem Index bewertet werden. Wenn eine Trägergesellschaft mehrere Einrichtungen in verschiedenen Bundesländern betreibt, kann ein interner Vergleich über Indices erfolgen.

In diesem Fall wird das Volumen der Einrichtung mit der höchsten Zahl als Berechnungsbasis herangezogen. Man spricht bei dieser Art Index auch vom „relativen Marktanteil".

Den Träger interessieren die Höhe der Umsätze in den einzelnen Häusern und der jeweilige relative Marktanteil. Er hat dazu folgende Zahlen ermittelt:

Haus	Umsatzerlöse in €
A	1.963.000
B	960.000
C	725.000
D	817.000
E	910.000
F	514.000

Haus A hat die höchsten Umsatzerlöse erzielt und wird als Basis herangezogen. Basis = 1.963.000 €

Es errechnen sich folgende relative Marktanteile:

$$\text{Index Haus A} = \frac{1.963.000}{1.963.000} = 1$$

$$\text{Index Haus B} = \frac{960.000}{1.963.000} = 0{,}49$$

$$\text{Index Haus C} = \frac{725.000}{1.963.000} = 0{,}37$$

usw.

Haus	Umsatzerlöse in €	relativer Marktanteil
A	1.963.000	1,00
B	960.000	0,49
C	725.000	0,37
D	817.000	0,42
E	910.000	0,46
F	514.000	0,26

Kennzahlensysteme

In Kennzahlensystemen werden mehrere Kennzahlen zu einem System verknüpft. Sie werden meist in Form eines Baumdiagramms (s. S. 38) dargestellt. Das bekannteste Kennzahlensystem, das heute noch eingesetzt wird, ist das Du Pont-Kennzahlensystem, das 1919 von dem Chemieunternehmen Du Pont eingeführt wurde. Mit diesem System lässt sich der „Ertrag aus dem investierten Kapital" errechnen. Diese Größe wird auch ROI genannt (**R**eturn **o**n **I**nvestment).

Als Hauswirtschaftleitung in sozialen Dienstleistungsorganisationen gehört die Berechnung nicht zu Ihren Aufgaben. Für Selbstständige ist sie jedoch eine wichtige Größe zur Beurteilung der Wirtschaftlichkeit des Unternehmens.

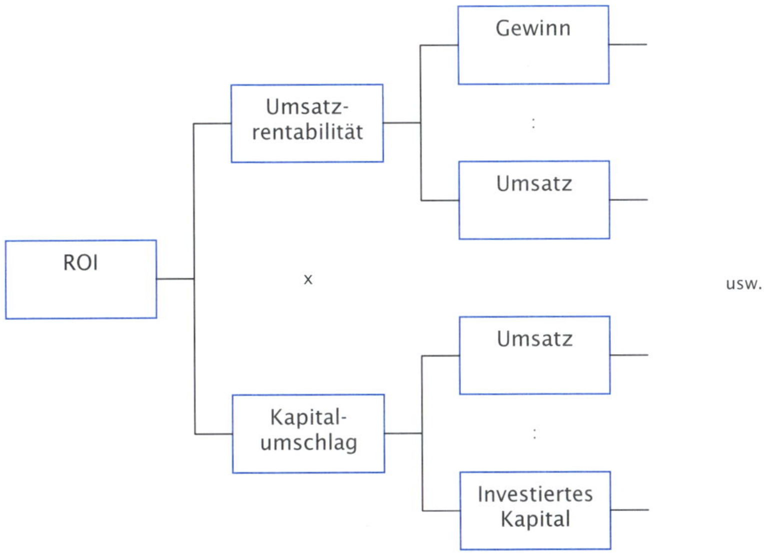

Für die Hauswirtschaft lassen sich nach demselben Schema Kennzahlensysteme erstellen.

Zu den folgenden beiden Kennzahlensystemen

- Bruttozeitbedarf Wäscherei
- Verkaufspreis Menü

finden Sie Berechnungsbeispiele in „Betriebs- und Unternehmensführung" Band 1 in den Kapiteln „Personalmanagement" und „Kostenmanagement".

Kennzahlensystem Bruttozeitbedarf in einer Wäscherei

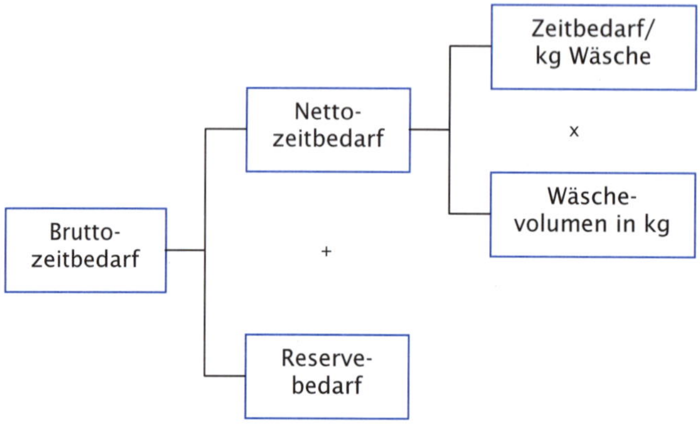

Kennzahlensystem Verkaufspreis für ein Menü
ohne Berücksichtung von Mehrwertsteuern

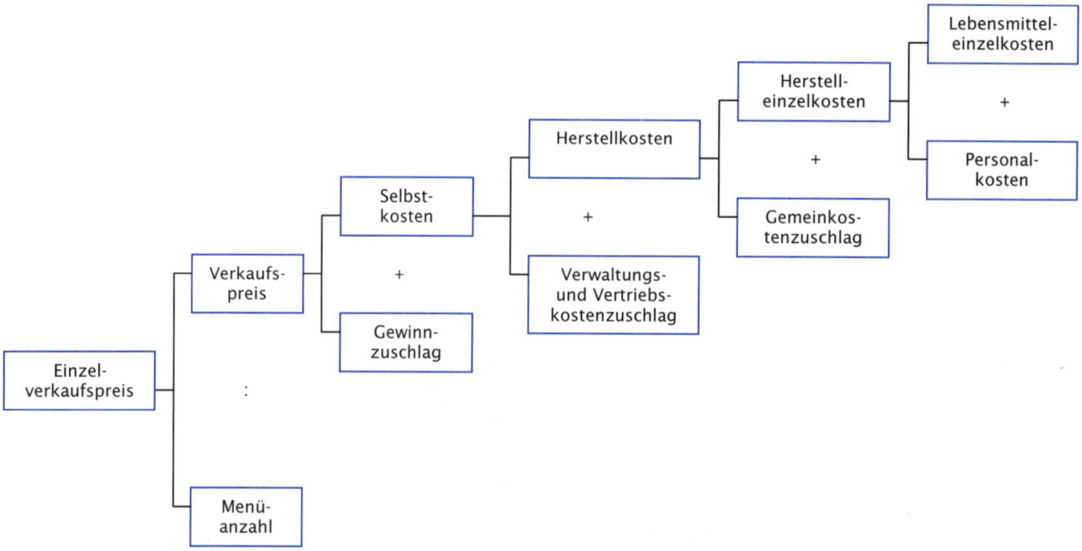

Catering-Vertrag

Zwischen dem Unternehmen X – im Folgenden Auftraggeber (AG) gen

----

----

und dem Catering-Unternehmen Y – im Folgenden Auftragnehmer (.
nannt –

Externe Dienstleistung

----

wird folgender Vertrag geschlossen:

1 Gegenstand des Vertrages
Der AG überträgt dem AN folgende Dienstleistung:
Vollverpflegung (oder Teilverpflegung)

2 Vertragsbestandteile
1) Verpflegungskonzept
2) Leistungsbeschreibung und separate Listen
3) Kalkulation der Verpflegungssätze
4) Preisblätter
5) Sonstiges

Kapitel 6

Controlling von externen Dienstleistungen

Warum externe Dienstleistungen?

Soziale Dienstleistungsunternehmen müssen wirtschaftlich arbeiten. Grundsätzlich können sie das über zwei strategische Ausrichtungen erreichen:

- Erlöse steigern oder
- Aufwand senken.

Wenn es darum geht, den Aufwand zu senken, kommen als erstes die Personalkosten auf den Prüfstand und damit die Überlegung, ob der Aufwand für die hauswirtschaftlichen Dienstleistungen in Eigenregie oder im Outsourcing-Verfahren günstiger ist.

Mit dieser Fragestellung beschäftigen sich sowohl laufende Betriebe als auch Neugründungen.

Als externe Unternehmen für hauswirtschaftliche Dienstleistungen bieten sich an:

- Catering-Unternehmen
- Wäscherei-Unternehmen
- Gebäudereiniger-Unternehmen
- Floristik-/Gartenbau-Unternehmen
- Unternehmen für technische Dienstleistungen
- Kooperationsbetriebe

Catering-Unternehmen bieten Verpflegung in unterschiedlich ausgeprägten Varianten an:

- Voll- oder Teilverpflegung in der einrichtungsinternen Küche mit unternehmenseigenen Mitarbeitern
- Voll- oder Teilverpflegung in der unternehmenseigenen Küche mit unternehmenseigenen Mitarbeitern
- Voll- oder Teilverpflegung in der einrichtungsinternen Küche mit einrichtungsinternen Mitarbeitern unter unternehmenseigener Leitung (sog. Managementvertrag)
- Ernährungsberatung.

Wäscherei-Unternehmen bieten:

- Logistik der Wäschepflege
- Durchführung der Wäschepflege, komplett oder für ausgewählte Wäschearten
- Wäsche-Leasing.

Gebäudereiniger-Unternehmen bieten:

- Komplett- oder Teilreinigung von Gebäuden
- Fensterreinigung
- Technische Dienste (s.u.).

Floristik- und Gartenbau-Unternehmen bieten:

- Gestaltung der Räume mit Blumen/Pflanzen
- Gestalten von Außenflächen.

Anbieter von technischen Dienstleistungen, die z.T. auch Dienste in der Hauswirtschaft übernehmen, offerieren z.B.

- Hausmeisterdienste
- Hol- und Bringedienste
- Wach- und Schließdienste
- Grünpflege
- Winterdienste
- Rezeptionsdienste.

Kooperationsbetriebe sind keine Unternehmen, die ausschließlich Dienstleistungen für Andere erbringen, sondern Unternehmen, die hauswirtschaftliche Dienstleistungen für ihren Eigenbedarf erbringen und zusätzlich räumliche und personelle Kapazitäten haben, um dieselbe Dienstleistung auch für andere anzubieten, z.B.

- Altenheimküchen, die Kindertagesstätten und/oder Schulen mit Essen beliefern
- Krankenhausküchen, die Altenheime verpflegen
- Altenheimwäschereien, die neben ihrer eigenen Wäsche auch Wäsche aus anderen Heimen pflegen.

Auch wenn der Anlass für die Prüfung „Vergabe oder Eigenregie“ in aller Regel wirtschaftliche Überlegungen sind, lässt sich eine optimale Entscheidung nur fällen, wenn beim Vergleich neben den

- Kosten
- die Qualität und
- die Kundenzufriedenheit

berücksichtigt werden.

Vergleich

- der Kosten
- der Qualität
- der Kundenzufriedenheit

→ Entscheidung über Vergabe oder Eigenregie

Planung von externen Dienstleistungen

Der Planungsprozess für die Vergabe von Dienstleistungen verläuft in fünf Schritten.

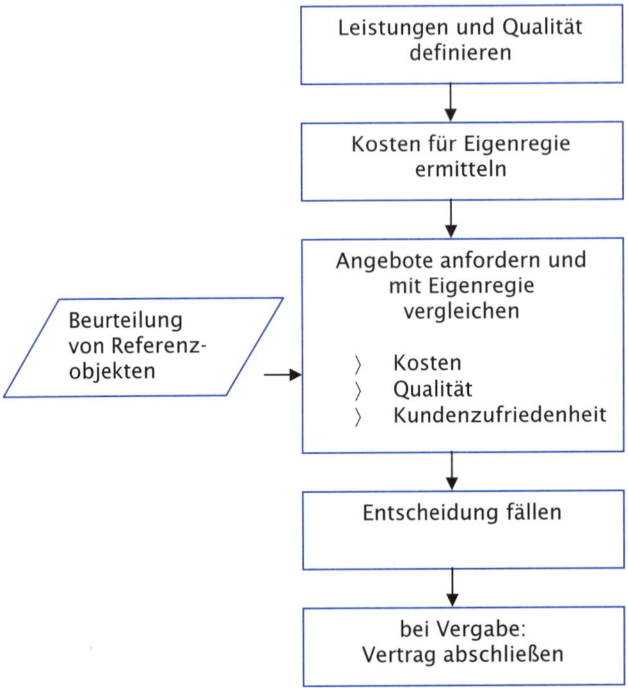

Leistungen und Qualität definieren

Die Leistungsbeschreibung und die Definition der Qualitätsziele sind für die Vorbereitung einer Vergabe unumgänglich. Als zukünftiger Auftraggeber geben Sie diese Eckpunkte vor. Sie dienen potentiellen Auftragnehmern als Grundlage für die Angebotserstellung.

Ausführungen zur Erstellung von Leistungsbeschreibungen und Qualitätszielen finden Sie in „Betriebs- und Unternehmensführung" Band 1 in den Kapiteln „Personalmanagement" und „Qualitätsmanagement".

Kosten für Eigenregie ermitteln

Bevor Sie nicht die eigenen Kosten kennen, ist ein Vergleich mit den Anbietern nicht möglich. Ausführungen zur Ermittlung von Kosten finden Sie in „Betriebs- und Unternehmensführung" Band 1 in den Kapiteln „Personalmanagement" und „Kostenmanagement".

Angebote vergleichen

Kosten vergleichen

Für einen Kostenvergleich reicht es nicht, nur die angebotenen Endpreise zu vergleichen.

Wenn

- das Unternehmen A für eine Dienstleistung 42.000 € anbietet
- das Unternehmen B für dieselbe Leistung 48.000 € und
- Sie selbst für Ihre Eigenregie 55.000 € errechnet haben,

können Sie daraus noch nicht folgern, dass das Unternehmen A den Kostenvergleich für sich entscheidet. Erst wenn Sie die Leistungen abgeglichen haben, können Sie eine Entscheidung fällen.

Beispiel Wäscheversorgung in einer stationären Einrichtung

Sie haben für die Kosten in Eigenregie 45.000 € ermittelt. Das Angebot eines Wäscherei-Unternehmens lautet für eine Vollversorgung auf 32.000 €.

Auch wenn Sie die komplette Wäschepflege an diesen Dienstleister abgeben, verbleiben jedoch einige Aufgaben bei hauseigenen Mitarbeitern. Auch entstehen weiterhin Kosten für den Raumbedarf. Diese beiden Leistungen verursachen bei Ihnen

- Personalkosten und
- kalkulatorische Kosten.

Listen Sie die Leistungen und den Raumbedarf auf und addieren Sie sie zum Angebot des Dienstleisters. Erst dann haben Sie ein Bild von den tatsächlichen Kosten.

Intern verbleibende Leistungen:

- sammeln und sortieren der gebrauchten Wäsche in den Wohnbereichen, in der Küche und in der Reinigung
- sammeln und transportieren der Wäschesäcke zum Abstellraum
- Annahme der Wäschelieferung, Kontrolle der Lieferscheine und Rechnungen
- transportieren und verteilen der sauberen Wäsche im Haus
- Reinigung der Lagerräume, -wagen und -regale
- Beschwerden der Kunden bearbeiten
- neue Bewohner in den Wäschekreislauf einführen
- Wäscheinventur durchführen
- Qualitätsprüfungen durchführen
- Kommunikation mit dem Dienstleister

Raumbedarf:

- Abstellraum für gebrauchte Wäsche, die bis zur Abholung durch den Dienstleister gelagert wird
- Abstellraum für saubere Wäsche, die der Dienstleister liefert
- Lagerraum in den Wohnbereichen für saubere Wäsche
- Lagerraum in den Wohnbereichen für gebrauchte Wäsche
- Lagerraum in den Wohnbereichen für Wäschesammelwagen
- Lagerraum für Wäscheersatz

Realisierung mit Wäscherei-Unternehmen	**Realisierung in Eigenregie**
Angebot des Wäscherei-Unternehmens 32.000 €	Kosten für die komplette Eigenversorgung der Wäsche 45.000 €
Eigene Personalkosten und kalkulatorische Kosten 5.500 €	
37.500 €	45.000 €

Beispiel Reinigung

Sie haben für die Kosten in Eigenregie 160.000 € ermittelt. Das Angebot eines Gebäudereinigers lautet auf 120.000 €.

Auch hier verbleiben einige Aufgaben bei hauseigenen Mitarbeitern. Es entstehen technische Kosten, Raumkosten und Kosten für Regiearbeiten des Gebäuderreinigers.

Technische Kosten:

- Strom
- Wasser und Abwasser
- Abfallentsorgung

Kalkulatorische Kosten für Raumbedarf:

- Sozialraum für Mitarbeiter des Gebäudereinigers
- Lagerraum für Reinigungswagen und - mittel

Regiekosten:

- Kosten für unregelmäßig entstehende Leistungen, die der Gebäudereiniger nach Aufwand abrechnet, wie z.B. Grundreinigung nach Renovierung, erhöhter Desinfektionsaufwand bei Infektionserkrankungen

Intern verbleibende Leistungen:

- Sichtreinigung während der Abwesenheitszeiten der Mitarbeiter des Gebäudereinigers
- Freiräumen von Oberflächen (Privatmobiliar und Bad)
- Staubwischen von privaten Gegenständen
- Freiräumen von Fensterbänken für die Fensterreinigung
- Innenreinigung von Schränken und Kühlschränken

Anmerkung: Intern verbleibende Leistungen können auch vom Gebäudereiniger erbracht werden, erhöhen aber die Kosten.

Realisierung mit Gebäudereiniger	**Realisierung in Eigenregie**
Angebot des Gebäudereinigers 120.000 €	Kosten für die komplette Reinigung in Eigenregie 160.000 €
Voraussichtlich entstehende Regiearbeiten 15.000 €	
Eigene Personalkosten, kalkulatorische Kosten und technische Kosten 10.500 €	
145.500 €	160.000 €

Wenn Sie Angebote und Leistungen überprüft haben, werden Sie in aller Regel feststellen, dass die angebotenen Preise der Dienstleister günstiger sind als die Kosten, die Sie für die Eigenregie ermittelt haben. Dafür gibt es vor allem drei Gründe. Dienstleister

- arbeiten mit anderen Tarifverträgen als die meisten sozialen Dienstleistungsorganisationen
- können in der Regel bessere Einkaufskonditionen aushandeln und
- sind Spezialisten in ihrem jeweiligen Fach.

Die Lohntarife des Gebäudereiniger-Handwerks, des Hotel- und Gaststättengewerbes und des Wäschereigewerbes liegen deutlich unter denen des öffentlichen oder kirchlichen Dienstes. Für das Gebäudereiniger-Handwerk gelten Mindestlöhne von 8,55 € (Westdeutschland) und 7,00 € (Ostdeutschland), (Stand 01.01.2011), für das Wäschereigewerbe von 7,80 € (Westdeutschland) und 6,75 € (Ostdeutschland), (Stand 01.04.2011). Für das Hotel- und Gaststättengewerbe gelten keine Mindestlöhne.

Da Dienstleister für eine Vielzahl von Auftragnehmern arbeiten, ist das Beschaffungsvolumen für Lebensmittel bzw. Reinigungs- und Waschmittel und weitere Arbeitsmittel weitaus größer als für die einzelne Einrichtung. Selbst wenn sich eine Einrichtung mit anderen zu einem Einkaufsverbund zusammenschließt, hat sie nicht einen so hohen Verhandlungsspielraum wie ein Dienstleister.

Schließlich ist jeder externe Dienstleister Spezialist in seinem Fach. Gebäudereiniger bieten keine Wäscheversorgung an und ein Catering-Unternehmen keine Fensterreinigung. Die Spezialisierung bringt mit sich, dass die Unternehmen auf ein großes fachliches Know-how zurückgreifen können und die Dienstleistungen jederzeit auf dem aktuellen Stand der Technik durchführen können.

Aber Vorsicht: Schwarze Schafe gibt es in jeder Branche. Deshalb reicht ein Kostenvergleich allein nicht aus, um ein Angebot beurteilen zu können.

Qualität und Kundenzufriedenheit vergleichen

Um die Qualität und Kundenzufriedenheit einer angebotenen Dienstleistung beurteilen zu können, prüfen Sie

- die detaillierten Ausführungen des Angebots
- und die Zufriedenheit der Kunden, die vom Dienstleister als Referenzbetriebe genannt werden.

Eine Wäscherei, die die Bearbeitung von Flachwäsche für 0,60 €/kg anbietet, kann keine Qualität erbringen.

Ebenso wenig können Sie bei einer angebotenen Reinigungsleistung von 120 m^2/Std. für den Sanitärbereich ein zufrieden stellendes Reinigungsergebnis erwarten.

Und auch mit einem Lebensmitteleinsatz von 2,60 € lässt sich keine abwechslungsreiche, gesunde Tagesverpflegung mit Zwischenmahlzeiten produzieren.

Nach der Detailprüfung besuchen Sie Referenzbetriebe. Hier können Sie vor Ort beobachten, wie der Dienstleister arbeitet. In Gesprächen mit den Verantwortlichen für die Hauswirtschaft und mit Kunden der Einrichtung (dies nur in Absprache mit der Einrichtung!) erfahren Sie, ob die Qualität und Kundenzufriedenheit Ihren Anforderungen entspricht.

Fragebogen zur Beurteilung der Qualität der Reinigung und der Kundenzufriedenheit in Referenzbetrieben

Fragen	Haus A Reinigung durch **Firma A**	Haus B Reinigung durch **Firma B**
Gibt es schriftliche Vorgaben für die Reinigungskräfte, z. B. in einem Reinigungshandbuch?		
Falls ja: Kennen die Reinigungskräfte die schriftlichen Vorgaben und handeln sie danach?		
Falls nein: Auf welcher Basis arbeiten die Reinigungskräfte?		
Arbeiten die Reinigungskräfte nach dem aktuellen Stand der Technik?		
Gibt es ausreichend Arbeitsmittel und in welchem Zustand sind sie?		
Stellt der Arbeitgeber den Reinigungskräften die notwendige Schutzkleidung zur Verfügung?		
Wie sind das äußere Erscheinungsbild und der Umgangston der Reinigungskräfte?		
Wie funktioniert die Kommunikation zwischen Dienstleister und Hauswirtschaftsleitung?		
Wie reagiert der Dienstleister auf Beschwerden?		
Gibt es einen Einarbeitungs- und Schulungsplan für die Reinigungskräfte?		
Wie hoch ist die Mitarbeiterfluktuation?		

	Haus A Reinigung durch **Firma A**	Haus B Reinigung durch **Firma B**
Wie ist das Reinigungsergebnis in den einzelnen Raumgruppen?		
〉 Sanitärräume		
〉 Gästezimmer		
〉 Speiseräume		
〉 Aufenthaltsräume		
〉 Verkehrsflächen		
〉 Büros		
〉 Lagerräume		
In welchem Zustand sind Lager und Sozialraum, die die Häuser dem Dienstleister zur Verfügung stellen?		
Wie ist der optische Gesamteindruck?		
Wie zufrieden sind die Kunden?		
Wie zufrieden ist der Auftraggeber?		

Vertrag abschließen

Nachdem Sie alle Aspekte verglichen haben, kommen Sie zur Entscheidung. Bei Aufträgen mit großem Volumen bietet es sich an, mit der Nutzwertanalyse (s.S. 40) zu arbeiten.

Zum Abschluss der Planung schließen Sie einen schriftlichen Vertrag über die Vergabe der Dienstleistung ab.

Beispiel für einen Vertrag mit einem Catering-Unternehmen

Catering-Vertrag

Zwischen dem Unternehmen X – im Folgenden Auftraggeber (AG) genannt –

----

und dem Catering-Unternehmen Y – im Folgenden Auftragnehmer (AN) genannt –

----

wird folgender Vertrag geschlossen:

1 **Gegenstand des Vertrages**
Der AG überträgt dem AN folgende Dienstleistung:
Vollverpflegung (oder Teilverpflegung) des Unternehmens X

2 **Vertragsbestandteile**
1) Verpflegungskonzept
2) Leistungsbeschreibung und separate Listen
3) Kalkulation der Verpflegungssätze
4) Preisblätter
5) Sonstiges

3 Allgemeine Pflichten des Auftragnehmers

Der AN verpflichtet sich, die nach diesem Vertrag zu erbringenden Leistungen im Sinne einer qualitätssichernden zielgruppenorientierten Verpflegung (DGE-Empfehlungen, HACCP-Konzept gemäß EU-Verordnung Nr. 852/2004 und z. B. DIN ISO EN 9001:2008) durchzuführen.

Der AN hat sich vor Abgabe seines Angebots über den Umfang der Arbeit an Ort und Stelle des Objektes zu unterrichten.

Die Übertragung der Verpflegungsdienstleistungen aus diesem Auftrag an Nachunternehmer (Subunternehmer) bedarf der Zustimmung des AG (oder: ist ausgeschlossen).

Die im Leistungsverzeichnis festgelegten täglichen und turnusmäßigen Verpflegungsleistungen sind verbindliche Arbeitsnorm, d.h. sie sind ständig und in gleich bleibender Qualität zu erbringen. Der AG behält sich vor, nach vorhergehender Absprache mit dem AN das Programm für die Verpflegungsdienstleistungen zu ändern.

Der AN hat vor Übernahme der Verpflegungsdienstleistung der Wirtschaftsleitung des AG Personaleinsatzpläne, Arbeitspläne und Qualitäts-Checklisten vorzulegen.

Der AN ist dafür verantwortlich, dass die berufsgenossenschaftlichen Regeln und Vorschriften eingehalten werden.

Die ausgehändigten Schlüssel für das Objekt sind nach Vertragsablauf dem AG auszuhändigen.

4 Allgemeines

Die erforderlichen Umkleideräume und Spinde für die Küchenmitarbeiter werden vom AG unentgeltlich zur Verfügung gestellt.

Der AG übernimmt keine Haftung für Schäden und Verluste an vom AN oder seinen Arbeitskräften eingebrachten Sachen. Der Haftungsausschluss gilt nicht für den Vorsatz und grobe Fahrlässigkeit des AG oder dessen Erfüllungsgehilfen.

Der AG behält sich vor, einzelne Bereiche oder Leistungen aus dem Auftragsumfang herauszuziehen und eigenem Personal zu übertragen; dies ist mit dem AN abzustimmen.

5 Art und Umfang der Leistung

Die Verpflegungsdienstleistung umfasst die Vollverpflegung (oder Teilverpflegung) und den Service innerhalb der Einrichtung.

Näheres ist der Leistungsbeschreibung und den separaten Listen zu entnehmen.

6 Küchenpersonal/Aufsichten

Der AN stellt die erforderlichen Arbeitskräfte. Er verpflichtet sich, erfahrenes, zuverlässiges und einwandfrei arbeitendes Personal einzusetzen, das sich gut in deutscher Sprache verständigen kann.
Der AN bestätigt, dass mit dem von ihm eingesetzten Küchenpersonal ein ordnungsgemäßer Arbeitsvertrag geschlossen ist.

Der AN verpflichtet sich, für die Leitung der Küche einen geprüften Küchenmeister (oder: Heimkoch, Verpflegungsbetriebswirt) und als dessen Stellvertreter eine Fachkraft (Koch/Köchin, Hauswirtschaftliche Betriebsleitung, Meister/in der Hauswirtschaft) einzusetzen.
Der AN verpflichtet sich, weiteres Küchenpersonal (Fachkräfte und angelernte Kräfte) nur durch diese Fach- und Führungskräfte einzuweisen und regelmäßig zu beaufsichtigen.

Der AN verpflichtet sich, seine Fachkräfte und angelernten Kräfte ständig weiterzuqualifizieren. Er erstellt dazu ein Fortbildungskonzept, welches er einmal jährlich dem AG unaufgefordert vorlegt. Er erstellt für den AG Kopien der Fortbildungsnachweise.

Der AG ist berechtigt, zwecks Überprüfung der Qualität der Verpflegungsdienstleistungen Kontrollen vorzunehmen. Diese Kontrollen können jederzeit unangekündigt durchgeführt werden.

Der AN verpflichtet sich, sein Personal vor Arbeitsbeginn sorgfältig zu schulen. Insbesondere verpflichtet er sich, den gesetzlich vorgeschriebenen Schulungen zur Lebensmittelhygiene nach EU-Verordnung Nr. 852/2004, zur Fachkundeschulung nach Durchführungs-Verordnung und den Unterweisungen nach Infektionsschutzgesetz §§ 42, 43 regelmäßig nachzukommen. Bei Küchenpersonal, das erstmals im Bereich mit Lebensmitteln arbeitet, erfolgt die Erstbelehrung beim Gesundheitsamt. Der AN legt die Bescheinigungen des Gesundheitsamts dem AG unaufgefordert vor.

Der AN darf nur sozialversicherungspflichtiges Personal beschäftigen; Ausnahmen bedürfen der vorherigen Zustimmung durch den AG. Die Beschäftigung erfolgt ausschließlich nach den Bestimmungen des Lohn- und Rahmentarifvertrages des Hotel- und Gaststättengewerbes. Die Anmeldung zur Sozialversicherung sind der Wirtschaftsleitung des AG auf Verlangen in Kopie vorzulegen. Die Beschäftigung von ausländischen Arbeitnehmern unterliegt den jeweils gültigen Gesetzesnormen.

Die Küchenleitung, ihre Vertretung und das gesamte Küchenpersonal des AN verpflichten sich, vertrauensvoll mit dem AG zusammenzuarbeiten.

Der AN verpflichtet sich, in den Arbeitsbereichen mit Kundenkontakt Stammpersonal einzusetzen, damit die Zahl der Bezugspersonen für die Kunden des AG möglichst gering bleibt.

Das Küchenpersonal trägt einheitliche Arbeitskleidung, die der AN unentgeltlich zur Verfügung stellt. Auf ein ordentliches Erscheinungsbild und persönliche Hygiene wird besonders Wert gelegt.

Der AN sowie seine Erfüllungsgehilfen sind verpflichtet, alle Gegenstände, die in dem Objekt gefunden werden, sofort bei der Wirtschaftsleitung abzuliefern. Ein Finderlohn wird nicht gezahlt.

7 Betriebsmittel

Sämtliche Betriebsräume, Betriebs- und Arbeitsmittel stellt der AG. Elektrische Geräte und Maschinen müssen den einschlägigen Sicherheitsnormen entsprechen.

Das Küchenpersonal verpflichtet sich zu einem wirtschaftlichen und umweltbewussten Arbeiten. Reparaturbedarf wird unmittelbar an die Wirtschaftsleitung des AG gemeldet.

8 Qualitätsprüfungen

Der AN legt dem AG zweimal monatlich die Ergebnisse der Qualitätsprüfungen vor. Der AG bescheinigt schriftlich den Empfang.

Qualitätsmängel, die der AG bei seinen selbst durchgeführten Kontrollen beanstandet, hat der AN unverzüglich zu beseitigen.

9 Haftung

Der AN haftet für Personen- und Sachschäden, die nachweislich durch ihn oder seine Mitarbeiter bei der Erfüllung der vertraglichen Aufgaben verursacht werden. Die ausreichende Versicherungssumme ist dem AG nachzuweisen.

Der AN trägt die Kosten für beschädigte Gegenstände und haftet für den Verlust von Schlüsseln, die ihm der AG im Rahmen seines Auftrages überlassen hat.

10 Regiearbeiten

Arbeiten, die lt. Leistungsbeschreibung „nach Anfrage" erfolgen, sind als Regiearbeiten abzurechnen. Die Regiearbeiten sind sofort nach Ausführung auf Regiezetteln zu bestätigen und anschließend der Rechnung beizufügen.

11 Abnahme und Rechnungsstellung

Für den AG entscheidet die Wirtschaftsleitung, ob die Verpflegungsdienstleistungen fristgerecht erfolgt sind und ordnungsgemäß ausgeführt wurden. Die Beweislast für die vertragsgemäße Erfüllung bleibt bis zur Abnahme beim AN.

Der AN hat monatlich nachträglich eine Rechnung in zweifacher Ausfertigung über die ausgeführten Verpflegungsdienstleistungen einzureichen.

Liegen Qualitätsmängel lt. Absatz 8 vor und wurden sie nicht beseitigt, so kann der AG den Rechnungsbetrag entsprechend des prozentualen Umfangs der nicht erbrachten Leistung der vertraglich vereinbarten Leistungsbeschreibung im beanstandeten Zeitraum kürzen. Weitergehende Ansprüche des AG nach BGB bleiben unberührt.

12 Preisvereinbarungen

Der AN erhält vom AG für die nach diesem Vertrag zu erbringende Leistung folgende Vergütung:

Bei Vollverpflegung :
pro Verpflegungstag _________€

Bei Teilverpflegung:
Frühstück _________€
Zwischenmahlzeit am Vormittag _________€
Mittagessen _________€
Zwischenmahlzeit am Nachmittag _________€
Abendessen _________€
Zwischenmahlzeit in der Nacht _________€

Verpflegung bei Veranstaltungen lt. separater Preisliste

Zu diesen Preisen ist die gesetzliche Mehrwertsteuer hinzuzurechnen. Die Rechnung ist ohne jeden Abzug innerhalb von _____ Tagen nach Rechnungseingang fällig.

Bei gesetzlichen oder tariflichen Veränderungen werden die Preise gemäß der gesetzlichen oder tariflichen Veränderung prozentual angepasst. Die Preisänderung ist dem AG nach Bekanntwerden des neuen Tarifabschlusses bzw. der gesetzlichen Änderung unverzüglich schriftlich mitzuteilen. Die Preisänderung tritt mit dem Tag der gesetzlichen oder tariflichen Änderung in Kraft.

13 Vertragsdauer und Kündigung

Dieser Vertrag tritt am ___________ unbefristet in Kraft.
Die ersten drei Monate des Vertragsverhältnisses gelten als Probezeit. Während dieser Zeit kann der Vertrag von beiden Seiten mit einer Frist von vier Wochen zum Monatsende gekündigt werden. Danach beträgt die Kündigungsfrist drei Monate zum Quartalsende.

Unabhängig davon ist der AG berechtigt, den Vertrag aus wichtigem Grund fristlos zu kündigen.

14 Gerichtsstand

Gerichtsstand für beide Partner ist

____

Ort, Datum, Stempel, Unterschrift des AG und des AN

Steuerung und Kontrolle von externen Dienstleistungen

Steuerung

Für hauswirtschaftliche Dienstleistungen, die Sie an externe Unternehmen vergeben, entsteht hausintern nur ein geringer Steuerungsbedarf, denn diese Aufgabe haben Sie ja dem Dienstleister übertragen. Dieser muss für seine Planung und Steuerung

- Prozesse definieren und beschreiben
- Arbeitspläne erstellen
- Mitarbeiter bereitstellen und qualifizieren
- Arbeitsmittel bereitstellen
- Qualitätsnachweise führen.

Der Steuerungsbedarf von Seiten der Einrichtung besteht vor allem im Bereich Kommunikation. Sie als Auftraggeber werden mit externen Dienstleistungen nur zufrieden sein, wenn ein vertrauensvolles Verhältnis zwischen Ihnen und dem Auftragnehmer herrscht. Dies erreichen Sie, wenn Sie sich regelmäßig – je nach Dienstleistung täglich, wöchentlich, monatlich – mit dem Dienstleister austauschen. Hier einige Beispiele für Klärungs- und Informationsbedarf:

Reinigung:

- Erstellen einer Zuständigkeitsmatrix, in der die Verzahnung der Tätigkeiten dargestellt wird, z.B. wer Fensterbänke oder Spiegelablagen frei räumt
- Meldung von infektiösen Erkrankungen
- Meldung von freien Zimmern
- Meldung von Besonderheiten, z.B. Sterbefall
- Absprache über Regiearbeiten, z.B. Versiegelung von Böden
- Regelmäßiger Austausch über Qualitätsergebnisse und Rückmeldungen der Endkunden

Catering:

- Erstellen einer Zuständigkeitsmatrix, in der die Verzahnung der Tätigkeiten dargestellt wird, z.B. wer Essen ausgibt
- Meldung von infektiösen Erkrankungen
- Tägliche Meldung der Verpflegungsteilnehmer
- Absprache von Regiearbeiten, z.B. Sonderveranstaltungen
- Regelmäßiger Austausch über Qualitätsergebnisse und Rückmeldungen der Endkunden

Wäscheversorgung:

- Meldung von infektiösen Erkrankungen
- Bei Leasingwäsche: Regelmäßige Meldung des Bedarfs
- Regelmäßiger Austausch über Qualitätsergebnisse und Rückmeldungen der Endkunden

Kontrolle

Als Verantwortliche für die Hauswirtschaft müssen Sie die Ergebnisse des Dienstleisters überprüfen. Die Leistungen des Auftragnehmers sollen nur in voller Höhe vergütet werden, wenn sie

- regelmäßig
- im vereinbarten Umfang und
- in der vereinbarten Qualität

erbracht werden. Bei fehlender Kontrolle kann die Vergabe sehr teuer werden.

Tägliche Kontrolle vor Ort

Die Kontrolle und – wenn notwendig – die Reklamation der zu beanstandenden Leistungen müssen immer zeitnah und schriftlich erfolgen. Zeitnah bedeutet

- für die Reinigung: während der Reinigung oder unmittelbar nach Abschluss der Reinigung
- für die Verpflegung: unmittelbar bei oder während der Ausgabe des Essens bzw. bei der Anlieferung
- für die Wäscheversorgung: unmittelbar nach Feststellung des Mangels.

Qualitätskontrollen erfolgen wie bei selbst erbrachten Dienstleistungen in Stichproben. Zu Beginn eines Vertragverhältnisses kontrollieren Sie in kurzen Zeitabständen. In welchen Zeitabständen Sie nach der Probezeit kontrollieren, hängt von den jeweiligen Ergebnissen ab.

Regelmäßige Qualitätsnachweise durch den Auftragnehmer

Im Vertrag vereinbaren Sie,

- welche internen Qualitätsnachweise der Dienstleister durchführen muss und
- wie häufig er Ihnen die Qualitätsnachweise vorlegen muss.

Gleichen Sie diese Nachweise mit Ihren eigenen Qualitätsprüfungen ab. So können Sie sicherstellen, dass der Auftragnehmer sie nicht nur dokumentiert hat, damit der Vertrag erfüllt wird.

Daneben führen Sie je nach Dienstleistung monatlich oder vierteljährlich Gespräche mit dem Dienstleister bzw. dessen Ansprechpartner. Einmal jährlich sollten Sie – ganz im Sinne des Qualitätsmanagements – die Leistungen des Auftragnehmers bewerten und entscheiden, ob sie weiterhin mit ihm zusammenarbeiten. Zu einer vertrauensvollen Zusammenarbeit gehört, dass Sie ihm das Ergebnis Ihrer jährlichen Prüfung vorlegen.

Kapitel 7 Vorschläge für Übungs- und Prüfungsaufgaben im Fach „Betriebs- und Unternehmensführung“

Rahmenbedingungen für die Aufgaben 1-8:

Sie leiten die Abteilung „Hauswirtschaftliche Dienstleistungen“ eines Anbieters von ambulanten Diensten.

Sie bieten folgende Dienstleistungen für Menschen mit hauswirtschaftlichem Hilfebedarf an:

- Reinigung von Privaträumen
- Pflege von Privatwäsche
- Organisation und Service des gelieferten „Essen auf Rädern“
- Einkaufservice

Aufgabe 1: Organigramm

Sie und die Pflegedienstleitung sind der Geschäftsführung unterstellt. Im Pflegedienst arbeiten 20 Mitarbeiter, die der Pflegedienstleitung unterstellt sind, in der Hauswirtschaft 10 Mitarbeiter, die Ihnen unterstellt sind. Zwei Verwaltungskräfte und eine Hygienebeauftragte arbeiten in Stabsfunktion und sind nur der Geschäftsführung unterstellt. Drei Zivildienstleistende, die das „Essen auf Rädern“ ausliefern, sind disziplinarisch der Pflegedienstleitung und fachlich Ihnen unterstellt.

Erstellen Sie das Organigramm des Ambulanten Dienstes.

(Lösungshinweise s. S. 20 ff.)

Aufgabe 2: Ziele, Zielsysteme und Maßnahmenpläne

Im Leitbild des ambulanten Dienstes steht die Aussage „Wir achten die Intimsphäre der Bewohnerinnen und Bewohner und gestalten die hauswirtschaftlichen Arbeiten in enger Absprache mit der Pflege.“

Entwickeln Sie aus diesem Leitziel Teilziele für die hauswirtschaftlichen Dienstleistungen und erstellen Sie einen Maßnahmenplan.

(Lösungshinweise s. S. 23 ff.)

Aufgabe 3: Nutzwertanalyse

Sie sind mit dem Cateringunternehmen, das das „Essen auf Rädern“ produziert, unzufrieden. Der Geschmack lässt zu wünschen übrig, die Menüs bieten wenig Abwechslung, die Anlieferungstemperatur liegt oft unter 55 °C und die Verpackung ist nicht hygienisch. Sie nehmen dies zum Anlass, andere Anbieter zu suchen und den Lieferanten zu wechseln. Es kommen drei Anbieter im näheren Umkreis in Frage.

1. Legen Sie Entscheidungskriterien fest, die der zukünftige Lieferant erfüllen soll.
2. Gewichten Sie die Kriterien mit einem paarweisen Vergleich.
3. Bewerten Sie für jeden einzelnen Anbieter die Entscheidungskriterien. (Legen Sie dazu eigene fiktive Werte fest.)
4. Berechnen Sie den Nutzwert jedes einzelnen Anbieters.
5. Treffen Sie eine Entscheidung zwischen den Anbietern.

(Lösungshinweise s. S. 40 ff.)

Aufgabe 4: Netzplantechnik

In nächster Zeit übernimmt der ambulante Dienst die Reinigung von 30 neu errichteten 1- und 2-Zimmerwohnungen (betreutes Wohnen). Die Wohnungen sind fast fertig gestellt. Sie sind alle vermietet, aber noch nicht bezogen. Der Einzug soll in zwei Monaten erfolgen.

Erstellen Sie für die zeitliche Planung dieses Projekts einen Netzplan mit folgenden Aufgaben:

1. Wohnungen besichtigen
2. zu reinigende Flächen berechnen
3. Personalbedarf berechnen
4. Arbeitsmittel beschaffen
5. Personal beschaffen
6. Arbeits- und Dienstpläne erstellen
7. Personal schulen
8. Bauendreinigung durchführen

Definieren Sie dazu die Abhängigkeiten der Aufgaben und stellen Sie sie grafisch dar. Planen Sie die Dauer der Aufgaben und berechnen Sie für jede Aufgabe

- die früheste Anfangszeit (FAZ)
- die Dauer
- die früheste Endzeit (FEZ)
- die späteste Anfangszeit (SAZ)
- den zeitlichen Puffer

Erstellen Sie den Netzplan und zeichnen Sie den kritischen Pfad ein.

(Lösungshinweise s. S. 45 ff.)

Aufgabe 5: Personalbudget

Planen Sie das jährliche Personalbudget für die Reinigung der 30 neuen Wohnungen.

Gehen Sie dabei von folgenden Voraussetzungen aus:

- Die Reinigung der Wohnungen erfolgt einmal wöchentlich.
- Gesamtfläche der Zimmer: 1.400 m^2
- Gesamtfläche der sanitären Anlagen: 280 m^2
- m^2-Leistung für Zimmer einschließlich Fenster: 45 m^2 /Std.
- m^2-Leistung für sanitäre Anlagen: 35 m^2 /Std.
- Ausfallzeit: 21 %
- tariflich vereinbarte Arbeitszeit: 39 Std./Woche
- monatliches Bruttoentgelt für eine Vollzeitkraft: 1.440 €
- Nebenkostenzuschlag: 24 %
- Kosten für Arbeits- und Schutzkleidung: 130 €/Jahr
- Kosten für Fortbildung: 150 €/Jahr

(Lösungshinweise s. S. 74 ff.)

Aufgabe 6: Warenbeschaffung

Ihre Mitarbeiter tragen bei der Wäschepflege im Privathaushalt Einmalhandschuhe, für deren Beschaffung und Lagerung Sie verantwortlich sind.

Berechnen Sie den Meldebestand und die Bestellmenge für die Handschuhe. Gehen Sie dabei von folgenden Bedingungen aus:

Tagesbedarf: 40 Handschuhe
Mindestbestand: 200 Handschuhe
Lieferzeit: 5 Tage
Höchstmenge: 800 Handschuhe

(Lösungshinweise s. S. 99 ff.)

Aufgabe 7: Berichtswesen

Sie müssen gegenüber der Geschäftsführung, die für das Controlling des Ambulanten Dienstes verantwortlich ist, die Tätigkeiten Ihrer Mitarbeiter und die Kosten der Abteilung Hauswirtschaft belegen.

Erstellen Sie Formulare für folgende Berichte, die Sie der Geschäftsführung vorlegen müssen.

Begründen Sie für jeden Bericht, warum er aus betriebswirtschaftlicher und/oder qualitätsrelevanter Sicht notwendig ist.

1. Monatsbericht Einkaufservice: Wann und wie lange haben welche Mitarbeiter für welche Privathaushalte Einkäufe getätigt?
2. Wöchentliche Netto-Arbeitszeit der Mitarbeiter mit Nachweis, in welchen Haushalten sie tätig waren
3. Jahresverbrauch von Reinigungs- und Arbeitsmitteln
4. Tagesberichte der Mitarbeiter über ihre Tätigkeiten in den verschiedenen Privathaushalten
5. Art und Anzahl der Beanstandungen beim „Essen auf Rädern"
6. Monatsbericht über Ergebniskontrollen, die Sie in den Privathaushalten durchführen
7. Monatsbericht über Art und Anzahl von Kundengesprächen
8. Protokoll über Mitarbeiterschulungen

Lösungshinweise s. S. 111 ff.)

Aufgabe 8: Abweichungsanalyse

20 Haushalte, die Sie versorgen, haben folgende Dienstleistungen gebucht:

- Reinigung der Räume
- Wäschepflege
- Einkaufservice

Nachdem Sie den Leistungsumfang definiert und den Bedarf an Arbeitsstunden berechnet haben, wurde festgelegt, dass die Mitarbeiter in den Privathaushalten

- 50 % ihrer Arbeitszeit für die Reinigung
- 20 % ihrer Arbeitszeit für die Wäschepflege
- 30 % ihrer Arbeitszeit für den Einkaufservice investieren.

Kleine individuelle Abweichungen innerhalb eines Privathaushaltes sind an der Tagesordnung und liegen in der Natur der Sache.

Sie stellen jedoch in den Tagesberichten der Mitarbeiter fest, dass sie von dieser Aufteilung z.T. stark abweichen.

Die Auswertung der Tagesberichte ergibt, dass die Mitarbeiter

- 36 % ihrer Arbeitszeit für die Reinigung
- 36 % ihrer Arbeitszeit für die Wäschepflege
- 28 % ihrer Arbeitszeit für den Einkaufservice investieren.

Zudem gibt es Beschwerden von einigen Kunden, dass das Reinigungsergebnis nicht zufrieden stellend sei.

Definieren Sie die Abweichung, suchen Sie nach möglichen Ursachen und planen Sie, mit welchen Maßnahmen Sie gegensteuern können.

(Lösungshinweise s. S. 123 ff.)

Aufgabe 9: Kennzahlen

Sie leiten die Abteilung Hauswirtschaft in einem Tagungshaus. Welche Kennzahlen benötigen Sie

- zur Planung des monatlichen Personalbedarfs für den Bereich „Gästezimmer“
- zur Planung der jährlichen Erlöse im Bereich „Tagungsräume“
- zur Darstellung der Kundenzufriedenheit im Bereich „ Verpflegung“
- zur Darstellung, in welchem Verhältnis die Erlöse der drei Bereiche zueinander stehen
- zum Nachweis des jährlichen Reparaturaufwandes
- zur Entwicklung der Belegungszahlen über 5 Jahre?

Benennen Sie jeweils, um welche Art von Kennzahl es sich handelt.

(Lösungshinweise s. S. 74 ff., 86 ff., 111 ff.)

Aufgabe 10: Externe Dienstleistungen

Sie leiten die Abteilung Hauswirtschaft für drei stationäre Einrichtungen der Altenhilfe.

Bisher erbringen Sie in zwei Häusern die Reinigung in Eigenregie, im dritten Haus ist die Reinigung an einen Dienstleister vergeben. In allen drei Häusern sind die Reinigungsergebnisse in Ordnung und es gibt keine nennenswerten Kundenbeschwerden.

Die komplette Wäschepflege ist in allen drei Häusern an einen Wäschereidienstleister vergeben. Die Qualität der Privatwäsche der Bewohner ist nicht zufrieden stellend. Es gibt zahlreiche Kundenbeschwerden. Ihr Geschäftsführer hat Sie zu einem Gespräch gebeten, in dem die gesamte Situation Vergabe oder Eigenregie durchleuchtet werden soll.

Bereiten Sie sich auf das Gespräch vor und sammeln Sie Argumente

- für und gegen das komplette oder teilweise Outsourcen der Reinigungsdienstleistung
- für und gegen das komplette oder teilweise Outsourcen der Wäschedienstleistung

Bedenken Sie dabei jeweils die drei Aspekte Kosten, Qualität und Kundenzufriedenheit.

(Lösungshinweise s. S. 138 ff.)

Literaturempfehlungen

aid infodienst 2008: Meisterprüfung in der Hauswirtschaft. Beispiele für Prüfungsaufgaben

Arbeitskreis der zuständigen Stellen für die Berufsbildung im Verband der Landwirtschaftskammern e.V. 2006: Meisterprüfung in der Hauswirtschaft. Empfehlungen zur Umsetzung der Verordnung über die Anforderungen in der Prüfung, Bonn

Baus, Josef 2006: Controlling. Lehr- und Arbeitsbuch für die Fort- und Weiterbildung, Berlin

Berufsverband Hauswirtschaft: Leitfaden zur Entwicklung eines Kenndatensystems hauswirtschaftlicher Dienstleistungen, Weinstadt

Beuting-Lampe, Karin, Maaßen, Werner 2008: Kostenvergleich: Interne und externe Reinigung in: rhw management 7/2008, München

Fachausschuss Großhaushalt der Deutschen Gesellschaft für Hauswirtschaft (Hrsg.) 2004: Management des hauswirtschaftlichen Dienstleistungsbetriebes, München

Haufe Business Tools 2005: Controlling-Instrumente, Planegg/München

Lewe, Nils-Olaf, Schneider, Klaus-Jörg 2004: Kennzahlen für die Unternehmenspraxis

Lutz, Martin 2009: Reinigungs- und Hygienetechnik, Heidelberg

Roskosch-Schenker, Andrea 2008: Kosten effektiv steuern, Hannover

rhw-Praxis Managementwissen für die Hauswirtschaft 2006: Betriebswirtschaft & Controlling

Schewtschenko, Sergius 2000: Schnellkurs Controlling, Würzburg

Vollmuth, Hilmar 2006: Kennzahlen, Planegg

Wöhe, Günter 2002: Einführung in die Allgemeine Betriebswirtschaftslehre, München